PONS

Schau nach - blick durch!
Wortschatz nach Themen
LATEIN

Nachschlagen, verstehen, behalte

von
Hans-Joachim Lange

Ernst Klett Sprachen GmbH
Barcelona • Belgrad • Budapest • Ljubljana • London • Posen • Prag • Sofia
Stuttgart • Zagreb

PONS
Schau nach - blick durch!
Wortschatz nach Themen
LATEIN

Nachschlagen, verstehen, behalten

von
Hans-Joachim Lange

Auflage A1 6 5 4 3 2 1 / 2011 2010 2009 2008

Internet: www.pons.de
E-Mail: info@pons.de

Fachkorrektorat: Raffaela Maidhoff
Redaktion: Raffaela Maidhoff, Bettina Höfels
Logoentwurf: Erwin Poell, Heidelberg
Logoüberarbeitung: Sabine Redlin, Ludwigsburg
Einbandgestaltung: Schmidt & Dupont
Coverfoto: Klett Datenbank
Graffitti-Foto: Vlado Golub, Stuttgart
Layout/Satz: Fotosatz Kaufmann, Stuttgart
Druck und Bindung: L.E.G.O. S.p.A., in Lavis (TN)
Printed in Italy
ISBN 978-3-12-560799-6

So benutzt du dieses Buch

Du bist schon recht weit mit deinem Latein gekommen und möchtest nun sicher gehen, dass du alle wichtigen Vokabeln bei Übersetzungsaufgaben abrufen kannst? Dann bist du hier ganz richtig!

Im PONS Schulwortschatz Latein findest du alle Vokabeln für den Lektüreunterricht in der 9. und 10. Klasse - oder ab dem 3-4. Lernjahr. Dabei kannst du sicher sein, dass du genau die richtige Wortauswahl lernst. Denn alle Einträge wurden anhand einer Datenbank auf ihre Relevanz für die gängigen Texte der Lektürephase untersucht.
Das gesamte Vokabular von rund 1600 Wörtern und Wendungen wird in sieben großen Sachgruppen dargeboten. So kannst du Wörter zielgerichtet in sinnvollen Zusammenhängen lernen.

Der Wortschatz wird in drei Spalten dargestellt:

1. Spalte: **Kernwort** mit grammatischer Information
- **Verben** werden mit *Stammformen* präsentiert
- **Nomen** werden mit *Genitiv* und *Genus* gelistet
- **Adjektive** werden mit *Endungen für alle Genus* aufgeführt, wo notwendig findest du darüber hinaus den *Genitiv*

Bei vielen Begriffen findest du gleich unter dem **Kernwort** **wichtige Wendungen,** die das Kernwort enthalten und in unterschiedlichen Verwendungen darstellen. So lernst du gleich richtige Übersetzungsvarianten mit.
2. Spalte: *deutsche Übersetzung*
Natürlich sind auch die *weiterführenden Wendungen* und Beispielsätze übersetzt.
3. Spalte: Hilfreiche Verweise auf andere Fremdsprachen oder verwandte deutsche Begriffe und Wendungen oder bekannte lateinische Zitate
So kannst du leicht Zusammenhänge zwischen den unterschiedlichen Sprachen herstellen und dir das Vokabular besser merken.

☐☐☐ Neben jedem Kerneintrag findest du drei Kästchen in unterschiedlichen Farbtönen. Hier kannst du die Wörter nach jedem Lernvorgang abhaken, so behältst du den Überblick, welche Wörter du sicher beherrschst.

Anhang
Im Anhang findest du Zusammenfassungen wichtiger Verbgruppen. Unter den Verbfamilien (↗VF) sind **Komposita** der wichtigsten Verben noch einmal im Überblick dargestellt. Darauf folgen Übersichten über die **Deponentia** und die **Semi-Deponentia**, die du hier unabhängig von ihrer thematischen Zuordnung lernen kannst.

Stichwortregister
Am Ende des Buches findest du ein Wortregister, mit dessen Hilfe du ein bestimmtes Wort in seinem Kontext finden kannst. Manchmal verweist das Register an verschiedene Stellen im Wortschatz, das heißt, dass das Wort unterschiedlichen Themenbereichen zugeordnet wurde.

Inhaltsverzeichnis

So benutzt du dieses Buch **3**

Inhaltsverzeichnis **4**

Grundregeln zum Wortschatz **6**

I. Nomen 6
- Genus 6
- Die Deklinationsklassen 7

II. Adjektive 8
- Die Deklinationsklassen 8

III. Adverbien 8
- Steigerung von Adjektiven und Adverbien (Komparation) 9

IV. Pronomen 10

V. Präpositionen 10

VI. Verben 10
- Die Konjugationsklassen 10
- Die Bildung der Tempora 11
- Komposita 12

Thematischer Wortschatz **15**

I. Der Mensch 15
- Werden und Vergehen 15
- Der menschliche Körper 16
- Der menschliche Geist 17

II. Fähigkeiten des Menschen 19
- Sprache, Sprechen 19
- Verneinung 20
- Fragen und Auffordern 21
- Wahrnehmen und Erkennen 22
- Denken und Wissen 23
- Vergleichen und Bewerten 24
- Wollen und Streben 26
- Wissenschaft und Kunst 27
- Orientierung in Raum und Zeit 28
- Mengenbegriffe 30
- Positive Gefühle 31
- Negative Gefühle 31

III. Handeln ... 33
Handlungsweisen ... 33
Arbeit und Bemühung ... 35
Veranlassen, Zulassen, Verhindern ... 37
Geben und Nehmen ... 38
Kommen ... 39
Verlassen ... 40
(Sich) fortbewegen ... 41
Holen, Bringen, Ordnen ... 42
IV. Der Mensch in der Gesellschaft ... 44
Haus und Familie ... 44
Öffentliches Leben ... 45
Lebensumstände ... 45
Gutes Verhalten ... 47
Schlechtes Verhalten ... 48
Glaube und Götterverehrung ... 49
Staatliche Ordnung ... 49
Verbrechen und Strafe ... 50
Außenpolitik ... 52
V. Der Mensch und seine Umwelt ... 53
Natur und Land ... 53
Stadt ... 54
VI. Das Militär ... 56
Organisation ... 56
Kampf ... 57
Sieg und Niederlage ... 58
VII. Kleine Wörter ... 60
Adverbien ... 60
Beiordnende Konjunktionen ... 63
Subjunktionen ... 64
Präpositionen ... 65
Pronomen ... 69
Zahlen ... 73
VIII. Anhang ... 74
Verbfamilien ... 74
Deponentia ... 81
Semi-Deponentia ... 82

Stichwortregister ... 83

Grundregeln zum Wortschatz

I. Nomen

Genus

Alle Substantive werden in der Wortkunde mit ihrem Genus angegeben, das du mit den Vokabeln lernen solltest, da das deutsche und lateinische Geschlecht nicht immer übereinstimmen.

Es gibt jedoch einige Regeln zur Bestimmung des Genus, die den Lernaufwand verringern können.

Das natürliche Genus

Manche lateinische Substantive haben ein **natürliches Geschlecht**, d.h. ihr lateinisches Genus stimmt mit dem der Wortbedeutung überein. Zu diesen Substantiven gehören:

- **Personennamen: Cornelia** *f.* oder **Marcus** *m.*
- **Geschlechtsspezifische Bezeichnungen von Personen:**
  z.B. **fīlia, -ae** *f. die Tochter* oder **fīlius, -ī** *m. der Sohn*
  Achtung, auch **poēta, -ae** *m. der Dichter*, **nauta, -ae** *m. der Seefahrer* **agricola, -ae** *der Bauer* und **incola, -ae** *der Einwohner* sind - anders als die Endung vermuten lässt - männlich.
- Bei manchen Substantiven existieren männliche und weibliche Formen nebeneinander, die sich nur durch die **Ableitungssuffixe** unterscheiden. Dies trifft vor allem bei Sammelbezeichnungen von Personen und Tieren zu:
  fīlius, -ī *m. der Sohn* — **fīlia, -ae** *f. die Tochter*
  lupus, -ī *m. der Wolf* — **lupa, -ae** *f. die Wölfin*
- Manchmal gibt es ein **eigenes Wort** für die weibliche und männliche Form:
  vir, -ī *m. der (Ehe-)mann* — **mulier, -eris** *f. die (Ehe-)frau*

Weitere Regeln zur Bestimmung des lateinischen Genus

- **Maskulin** sind in der Regel die Namen von Völkern, Flüssen und Winden:
  Gallī, Gallōrum *m. die Gallier*; **Mosella, -ae** *m. die Mosel*; **aquilō, -ōnis** *m. der Nordwind.*
- **Feminin** sind in der Regel die Namen von Städten, Inseln und Ländern:
  Corinthus, -ī *f. Korinth;* **Dēlus, -ī** *f. Delos;* **Aegyptus, -ī** *f. Ägypten.*
- Zum Teil lässt sich das lateinische Genus aus der **Wortendung** bzw. der **Deklinationszugehörigkeit** erschließen:
  - Substantive der **o-Deklination** auf **-us** und **-er** sind **männlich**; Ausnahmen bilden neben einigen Bezeichnungen von Städten, Inseln und Ländern (siehe oben!).
    humus, -ī *f. der Boden;* **virus, -ī** *n. das Gift*; **vulgus**; **-ī** *n. das Volk.*
  - Alle Substantive der **o-Deklination** auf **-um** sind **Neutra**.

- Substantive der **a-Deklination** sind **feminin**; Ausnahmen bilden die männlichen Personenbezeichnungen (siehe oben!).
- Bei Substantiven, die der **3. Deklination** angehören, ist das Genus nicht festgelegt. Folgende Regeln kannst du dir merken:
  - Zweisilbige Wörter auf **-or** sind in der Regel männlich:
    victor, -ōris *m. der Sieger.*
  - Alle Wörter auf **–iō** sind weiblich:
    ōrātiō, ōnis *f. die Rede.*
- Zur **i-Deklination** gehören neben einigen Fluss- und Ortsnamen wie **Tiberis, -is** *m.* und **Neāpolis, -is** *f.*, die ein natürliches Geschlecht haben, nur folgende **weibliche Substantive:** **sitis, -is** *f. der Durst*; **puppis, -is** *f. das Heck*; **turris, -is** *f. der Turm*, **tussis, -is** *f. der Husten*; **febris, -is** *f. das Fieber*; **secūris, -is** *f. das Beil*, **vīs** *f. die Kraft*
  und die **drei Neutra**: **mare, -ris** *n. das Meer*; **animal, -ālis** *n. das Lebewesen;* **vectīgal, -ālis** *n. die Steuer, Abgabe.*
- Substantive der **u-Deklination** auf **-us** sind **männlich**.
  Ausnahmen sind: **domus, -ūs** *f. das Haus*, **manus, -ūs** *f. die Hand*, **tribus, -ūs** *f. der Wahlbezirk*, **porticus, -ūs** *f. die Säulenhalle*, **idus, -uum** *f. die Iden* (je nach Monat der 13. oder 15. Tag).
  Wenige Substantive auf **-u** sind **sächlich** wie **cornū, -ūs** *n. das Horn.*
- Substantive der **e-Deklination** sind **weiblich**.
  Ausnahmen sind **diēs, -ēi** *m. der Tag.* und **meridiēs, -ēi** *m. der Mittag.*

Die Deklinationsklassen

Welcher Deklination ein Substantiv angehört, lässt sich zum Teil an der Endung des Nominativ Singular erkennen wie bei **dominus** *Herr* (= o-Deklination) oder **domina** *Herrin* (= a-Deklination). Da die Deklinationszugehörigkeit nicht zuverlässig aus dem Nominativ hervorgeht, solltest du unbedingt den **Genitiv Singular** mitlernen, der bei allen Substantiven mit angegeben wird, die nicht zur **a-** oder **o-Deklination** gehören. Der Genitiv sollte auch deshalb gelernt werden, weil manchmal der Nominativ Singular einen anderen Wortstamm hat als die anderen Fälle, wie bei **iter, itineris** *n. der Weg.*

- **opus**, **operis** *n. das Werk, die Arbeit* – 3. Deklination
- **passus**, **passūs** *m. der Schritt* – u-Deklination
- **iter**, **itineris** *n.* – 3. Deklination
- **turris**, **turris** *f.*– i-Deklination

Manche Substantive der 3. Deklination gehören zur **Mischklasse**. Sie unterscheiden sich von den anderen Substantiven der 3. Deklination dadurch, dass sie im Genitiv Plural auf **-ium** statt auf **-um** enden. Dies trifft auf gleichsilbige Substantive (gleiche Silbenzahl im Nominativ und Genitiv Singular) auf **-is** und **-ēs** zu, die nicht zur i-Deklination gehören wie **hostis, hostis** *m. der Feind* oder **nāvis, nāvis** *f. das Schiff*, und auf Substantive, die zwei Konsonanten vor der Genitivendung haben wie **urbs, urbis** *f. die Stadt* und **gēns, gentis** *f. das Geschlecht.*

II. Adjektive

Die Adjektive ergänzen ein Nomen und bestimmen es näher. Sie stehen mit diesem in **KNG-Kongruenz** und bilden daher Formen in allen drei Genera und allen Kasus wie **cunīculus albus** *das weiße Kaninchen*, **lupa pulchra** *die schöne Wölfin* oder **facinus bonum** *die gute Tat*.

Welche Formen ein Adjektiv bildet, hängt von der Deklinationszugehörigkeit ab. Wie bei den Substantiven solltest du bei den Adjektiven den Genitiv Singular lernen, um zu wissen, zu welcher Deklination sie gehören. Der Genitiv ist bei allen Adjektiven, die nicht nach der a-/o- Deklination dekliniert werden, mit angegeben.

Die Deklinationsklassen

- Es gibt Adjektive, die nach der **a-/o- Deklination** dekliniert werden. Sie sind **drei-endig**, d.h. sie haben im Nominativ Singular für jedes Geschlecht eine eigene Form: **albus** *m.*, **alba** *f.*, **album** *n. weiß*.
- Einige Adjektive werden nach den **i-Stämmen** dekliniert.
  Sie sind **ein-endig: ingēns** *m.*, **ingēns** *f.*, **ingēns** *n. gewaltig*
  zwei-endig: gravis *m.*, **gravis** *f.*, **grave** *n. schwer*
  drei-endig: ācer *m.*, **ācris** *f.*, **ācre** *n. scharf.*
  Sie werden wie die Substantive der i-Stämme dekliniert, allerdings wird der **Akkusativ Singular** im Maskulinum und Femininum anders als bei den Substantiven auf **-em** statt auf **-im** gebildet.
- Nur **acht Adjektive** werden **konsonantisch** dekliniert:
  vetus, veteris *alt*, **dīves, dīvitis** *reich*, **pauper, pauperis** *arm*, **prīnceps, prīncipis** *der erste*, **compos, compotis** *an etwas beteiligt*, **superstes, superstitis** *überlebend*, **sōspes, sospitis** *wohlbehalten, unversehrt*, **particeps, participis** *teilhaftig, teilnehmend*
  Sie sind alle **ein-endig**.

III. Adverbien

Adverbien (**ad verbum** *beim Verb*) ergänzen die Bedeutung eines Verbs (z.B. ***sorgfältig*** *übersetzen*), selten dienen sie zur genaueren Bestimmung eines Adjektivs (z.B. ***erfreulich*** *schöne Ferien*) oder eines Partizips (z.B. ***schwer*** *erkrankt*). Weil sie anders als die Adjektive nie ein Substantiv näher bestimmen, gehören sie zu den **Partikeln**, die nicht dekliniert werden.
Manche Adverbien werden aus einem Adjektiv mit derselben Bedeutung nach einem der beiden folgenden Schemata gebildet:

- Bei Adjektiven der a-/o-Deklination wird in der Regel die Endung **-ē** an den Wortstock angehängt. Aus **pulcher, pulchra, pulchrum** wird dann **pulchrē** *schön*.

- Bei Adjektiven der dritten Deklination wird in der Regel die Endung **-iter** angehängt, wobei die Stämme auf **-nt-** nur **-er** anfügen.
  Aus **fēlīx**, **fēlīx**, **fēlīx** wird **fēlīciter** *glücklich*,
  aus **ingēns**, **ingēns**, **ingēns** wird **ingēnter** *gewaltig*.

Bei der Adverbienbildung gibt es allerdings einige Abweichungen, so dass einige Adverbien als Vokabeln in der Wortkunde aufgeführt sind, die gelernt werden müssen wie **prīmō** *zuerst*, **hodiē** *heute*, **bene** *gut* oder **cottīdiē** *täglich*.

Steigerung von Adjektiven und Adverbien (Komparation)

Lateinische Adjektive und Adverbien können gesteigert werden, um Vergleiche zwischen zwei oder mehreren Lebewesen, Gegenständen etc. herzustellen. Diese Vergleichsformen nennt man **Komparationsformen** (**comparāre** *vergleichen*).

- Die lateinischen **Komparative** werden in der Regel durch das Anhängen von **-ior** (Masculinum und Femininum) bzw. **-ius** (Neutrum) gebildet wie **prūdent-ior** und **prūdent-ius** *klüger*. Sie werden mit Ausnahme der Singularformen im Nominativ und Akkusativ Neutrum wie die Konsonantenstämme auf **-r** dekliniert.
- Zur Bildung der **Superlative** wird bei den meisten Adjektiven an den Wortstamm die Endung **-issimus, -a, -um** angehängt (**long-issimus, -a, -um** *der längste*), bei einigen Adjektiven auf **-lis** die Endung **-limus, -a, -um** (**facil-limus, -a, -um** *der leichteste*), bei Adjektiven auf **-er** die Endung **-rimus, -a, -um** an den Nominativ Singular des Maskulinums (**pulcher-rimus, -a, -um** *der schönste*). Sie werden wie Adjektive der **a-/o-Deklination** dekliniert.
- Als **Komparativ der Adverbien** dient der **Akkusativ Singular Neutrum** des Komparativs des Adjektivs wie **facilius** *leichter*. Die **Superlative** werden regelmäßig wie die Adverbien zu den Adjektiven der a-/o- Deklination durch das Anhängen von **-ē** an den Wortstamm gebildet wie **facillimē** *leichter.*

Unter den Vokabeln in der Wortkunde befinden sich auch einige Superlative, da es auch bei der Komparation einige Abweichungen gibt, die als Vokabeln gelernt werden müssen wie **prīmus, -a, -um** *der erste* oder **māximus, -a, -um** *der größte*.

IV. Pronomen

Wie im Deutschen gibt es im Lateinischen zahlreiche Pronomen, die ein Nomen ersetzen können (**prō nōmine** *anstelle eines Nomens*), indem sie ein Substantiv aus dem vorausgegangenen Satz (oder eines, das aus dem Kontext schon bekannt ist) aufgreifen. Pronomen wie **nōs** *wir*, **hic**, **haec**, **hoc** *dieser, diese, dieses* oder **aliquis, aliquid** *irgendeine(r), irgendetwas* werden dann wie **Substantive** behandelt. Pronomen können jedoch auch **adjektivisch** gebraucht werden und mit ihrem Bezugswort in **KNG-Kongruenz** stehen. Pronomen werden wie Substantive oder Adjektive dekliniert.

Die Deklination der Pronomen richtet sich in vielen Punkten nach dem Muster der o-/a- Deklination. Da es jedoch einige Abweichungen gibt, sind in dieser Wortkunde die Pronomen mit den verschiedenen Kasus angegeben, die du dir zusammen mit der Bedeutung einprägen solltest!

V. Präpositionen

Die lateinischen Präpositionen gehören zu den **Partikeln** und sind nicht flektierbar. Sie können entweder als Präfixe mit Verben zusammengesetzt werden (**ab-īre** *weggehen*) oder bei einem Nomen stehen.
Auch im Lateinischen verlangen die Präpositionen einen bestimmten Fall (vgl. deutsch: z.B. *mit* + Dativ). Die meisten Präpositionen haben den **Ablativ** oder **Akkusativ** nach sich, manche lassen je nach Bedeutung beide Kasus zu.

In dieser Wortkunde werden die Präpositionen nach Kasuszugehörigkeit eingeführt. Beispiele helfen dir, die Präpositionen mit ihren Kasus einzuprägen.

VI. Verben

Die Konjugationsklassen

Verben werden konjugiert (**coniugāre** *verbinden*) und gehören einer von **fünf verschiedenen Konjugationsklassen** an je nach Ausgang des **Präsensstamms**. Den Präsensstamm erhält man durch Wegstreichen der Infinitivendung **-(e)re**

laudā-re	a-Konjugation (1. Konjugation)
monē-re	e-Konjugation (2. Konjugation)
audī-re	i-Konjugation (4. Konjugation)
ag-ere	Konsonantische Konjugation
cap-ere	Gemischte Konjugation (Konsonantische Konjugation mit i-Erweiterung)

Die Bildung der Tempora

Die **sechs Tempora** werden vom **Präsens-, Perfekt** oder **Partizipialstamm** (auch Supinstamm) gebildet.

Präsensstamm: Präsens, Futur, Imperfekt
Perfektstamm: Perfekt, Futur II, Plusquamperfekt
Partizipialstamm: Perfekt Passiv, Futur II Passiv, Plusquamperfekt Passiv, Partizip Perfekt Passiv, Partizip Futur Aktiv

Zur Bezeichnung der Tempora und Modi treten an den Verbalstamm **Tempus-** und **Moduszeichen**, zur **Bezeichnung der Personen** und **Genera verbi** (z.T. auch der Tempora) die **Endungen**:
vocā-tis *ihr ruft*, **vocā-bā-tis** *ihr rieft*

Zwei regelmäßige Bildungsweisen des Perfekts

- Fast alle Verben der **a-Konjugation** und einige andere Verben bilden ein **v-Perfekt**, d.h. aus dem Präsens- wird der Perfektstamm durch das Anfügen von **-v** wie **laudāv-ī** *ich habe gelobt*.
- Viele Verben der **e-Konjugation** bilden ein **u-Perfekt**, indem das -e des Präsensstammes durch ein **-u** ersetzt wird wie **monu-ī** *ich habe ermahnt*.

Alle anderen Verben bilden ihre Perfektformen **unregelmäßig**. Bei diesen Verben werden die **Stammformen** mit angegeben, die du lernen musst. Diese nennen die **aktiven Präsens-** und **Perfektformen** jeweils in der **1. Person Sg. Ind.** und – falls vorhanden – das **Partizip Perfekt Passiv** eines Verbs.
Die Stammformen von **agere** *treiben, handeln* lauten beispielsweise **agō - ēgī - āctum**.

Vier unregelmäßige Bildungsweisen des Perfekts

Man unterscheidet im Wesentlichen vier unregelmäßige Bildungsweisen des Perfekts:

Dehnungsperfekt
lēg-ī *ich habe gelesen* von **legere**
fēc-ī *ich habe gemacht* von **facere**
Reduplikationsperfekt (meist Verdoppelung der ersten Silbe)
cu-curr-ī *ich bin gelaufen* von **currere**
pe-per-cī *ich habe geschont* von **parcere**
s-Perfekt
scrīps-ī *ich habe geschrieben* von **scrībere**
fīx-ī (statt ***fīg-sī**) *ich habe befestigt* von **fīgere**

Perfekt ohne Stammveränderung (ohne Veränderung des Präsensstammes)
dēfend-ī *ich habe verteidigt* von **dēfendere**
vert-ī *ich habe gewendet* von **vertere**

Die Bildung des Partizip Perfekt Passiv (PPP)

Das **PPP** wird wie die **Adjektive der a-/o- Deklination auf -us, -a, -um** dekliniert. Es richtet sich wie ein Adjektiv in **Kasus**, **Numerus** und **Genus** nach seinem Bezugswort. Es ist Bestandteil der Passivformen des Perfektstammes wie **laudātus est** *er ist gelobt worden*. Die Bildung des **PPP** erfolgt auf unterschiedliche Weise. Die meisten Verben der **a-Konjugation** bilden das **PPP** durch das Anhängen der **Endung -tus** an den Präsensstamm wie **laudā-tus, -a, -um** *gelobt*, viele Verben der **e-Konjugation** durch Anfügung der Endung **-itus** an den Präsensstamm (Streichung des -e) wie **mon-itus, -a, -um** *ermahnt*.

Alle anderen Verben bilden das **PPP unregelmäßig**. Daher ist das **PPP** auch Bestandteil der **Stammformen**. Manche Verben können kein **PPP** bilden. In diesem Fall wird bei den Stammformen meist das **Partizip Futur Aktiv (PFA)** angegeben wie **occidō – occidī – occāsūrus** *untergehen, zugrunde gehen*.

Komposita

Ein großer Teil des lateinischen Wortschatzes besteht aus Komposita (**compōnere** *zusammenstellen*). Sie entstehen durch die Zusammensetzung eines beliebigen Verbs mit einer Vorsilbe (Präfix). Als Ergebnis entsteht ein neues Verb mit einer veränderten Bedeutung. Auch im Deutschen gibt es viele Komposita.
pōnere *setzen, stellen, legen*
depōnere *ablegen*
compōnere *zusammenstellen*

Bei manchen Verben wird der Konsonant am Ende der Vorsilbe assimiliert, indem er sich an den Anfangskonsonanten des einfachen Verbs angleicht oder ihm ähnlich wird wie **appōnere** (statt *__ādpōnere__*). Manchmal fällt er auch ganz weg wie **dīmittere** (statt ***dismittere**).

Die Bildung der Komposita erfolgt nach bestimmten Bauprinzipien. Da immer wieder dieselben Präfixe in ähnlicher Bedeutung auftreten, kannst du den Lernaufwand der Vokabeln erheblich reduzieren, wenn du dir die Bedeutung der Präfixe einprägst. Dies sollte dir nicht besonders schwer fallen, da sie im Wesentlichen mit den Präpositionen übereinstimmen.

Im Anhang sind wichtige Verbfamilien mit ihren Komposita aufgeführt!

ab-, ā-, abs-, as- ab-	*ab-, weg-, miss-*	**ā-vocāre** *ab-rufen*, **ab-dūcere** *weg-führen*
ad-, ac-, af-, ag-, ap-, ar-, at- an-	*zu-, hin-, an-, heran-*	**ac-cēdere** *heran-kommen*, **ad-esse** *dabei-sein*, **ad-venīre** *an-kommen*
ante-	*vor-, voran-*	**ante-cēdere** *voran-gehen*, **ante-pōnere** *vor-ziehen*
circum-	*um-, umher-*	**circum-dare** *um-geben*
cōn-, co-, col-, com-, cor-	*zusammen-* (oder zur Verstärkung der eigentlichen Bedeutung)	**com-pellere** *zusammen-treiben*, **com-movēre** *erregen*, **cōn-fīrmāre** *stärken*
dē-, dī-, dif-, dir-	*herab-, weg-, über-* (oder zur Verstärkung der eigentlichen Bedeutung)	**dē-scendere** *herab-steigen*, **dē-vincere** *(völlig) besiegen* **dī-mittere** *weg-schicken*
dis-	*fort-, weg-, auseinander-*	**dis-cēdere** *auseinander-gehen*,
ē-, ex-, ef-	*aus-, heraus-* (oder zur Verstärkung der eigentlichen Bedeutung)	**ex-spectāre** *erwarten*, **ef-fugere** *entfliehen*
in-, ig-, il-, im-, ir-	*hin-, ein-, an-*	**in-esse** *darin sein*, **ir-rumpere** *einbrechen*
inter-	*zwischen-, unter-*	**inter-esse** *(darunter sein)*, *teilnehmen*, **inter-cēdere** *dazwischen kommen*, **inter-rumpere** *unter-brechen*
ne-, nec-, neg-	*Verneinung*	**ne-scīre** *nicht wissen*, **neg-legere** *nicht achten*, *ver-achten*
ob-, obs- , oc-, of-, op-	*entgegen-*	**ob-īre** *entgegen-gehen*, **oc-currere** *entgegen-laufen*
per-	*durch-* (oder zur Verstärkung der eigentlichen Bedeutung)	**per-spicere** *durchschauen*, **per-terrēre** *sehr erschrecken*
prae-	*vor-, voraus-, voran-, vorbei-*	**prae-scrībere** *vor-schreiben*, **prae-portāre** *voran-tragen*
praeter-	*vorbei-*	**praeter-īre** *vorbei-gehen*, **praeter-vehī** *vorbei-fahren*
prō-, prōd-	*hervor-, vor-, voran-, voraus-*	**prōd-ire** *hervor-gehen*, **pro-ficīscī** *vorrücken*
re-, red-	*zurück-, wider-, entgegen-*	**red-īre** *zurück-gehen*, **re-sistere** *wider-stehen*
sē-	*Trennung (ent-, weg-)*	**sē-cēdere** *weggehen*, **sē-parāre** *trennen*

sub-, suc-, sup- sus-	*unter-, (von) unten*	**sub-igere** *unter-werfen*, **sub-dūcere** *(darunter) wegziehen*
super-	*über-, übrig-*	**super-fluere** *über-fließen*, **super-esse** *übrig sein*
trāns-, trā-	*hinüber-, über-*	**trāns-gredī** *hinüber-gehen*, **trā-dere** *über-geben*

Thematischer Wortschatz

I. Der Mensch

Werden und Vergehen

homō, hominis *m.*	*Mensch*	human, engl. human	☐ ☐ ☐
hūmānus, -a, -um	*menschlich, gebildet*	Humanität	☐ ☐ ☐
puer, puerī *m.*	*Junge*		☐ ☐ ☐
adulēscēns, adulēscentis *m.*	*junger Mann*		☐ ☐ ☐
iuvenis, iuvenis *m.*	*Jugendliche(r), junger Mann*	engl. iuvenile	☐ ☐ ☐
iuventūs, iuventūtis *f.*	*Jugend, junge Leute*		☐ ☐ ☐
vir, virī *m.*	*Mann*		☐ ☐ ☐
senex, senis *m./f.*	*alter Mann, alte Frau*	senil, Senat	☐ ☐ ☐
puella, puellae *f.*	*Mädchen*		☐ ☐ ☐
virgō, virginis *f.*	*Mädchen, junge Frau*	engl. virgin	☐ ☐ ☐
fēmina, fēminae *f.*	*Frau*	Feministin	☐ ☐ ☐
mulier, mulieris *f.*	*Frau*		☐ ☐ ☐
vīta, vītae *f.*	*Leben*	Vitamin, vital, frz. vie	☐ ☐ ☐
vīvere, vīvō, vīxī, vīctūrus	*leben*	frz. vivre	☐ ☐ ☐
vīvus, -a, -um	*lebend, lebendig*		☐ ☐ ☐
Hannibale vīvō	*zu Hannibals Lebzeiten*		
nāscī, nāscor, nātus sum	*geboren werden, entstehen*	frz. naître	☐ ☐ ☐
salūs, salūtis *f.*	*Rettung, Wohl, Gesundheit*		☐ ☐ ☐
salvus, -a, -um	*gesund, wohlbehalten, unverletzt*		☐ ☐ ☐
cāsus, cāsūs *m.*	*Fall, Zufall, Unglück*	Kasus, engl. case, frz. cas	☐ ☐ ☐
accidere, accidō, accidī	*sich ereignen, zustoßen*	engl./frz. accident	☐ ☐ ☐
occidere, occidō, occidī, occasūrus	*untergehen, umkommen*	Okzident	☐ ☐ ☐
fortūna, fortūnae *f.*	*Schicksal, Glück*	Fortuna	☐ ☐ ☐
sors, sortis *f.*	*Schicksal*		☐ ☐ ☐
morbus, morbī *m.*	*Krankheit*	morbid	☐ ☐ ☐
medicus, medicī *m.*	*Arzt*	Medizin(er)	☐ ☐ ☐
perīre, pereō, periī, perītūrus ↗VF	*zu Grunde gehen, umkommen*		☐ ☐ ☐
interīre, intereō, interiī, interitūrus ↗VF	*untergehen, umkommen*		☐ ☐ ☐
mors, mortis *f.*	*Tod*	frz. mort	☐ ☐ ☐
morī, morior, mortuus sum	*sterben*	frz. mourir	☐ ☐ ☐

mortuus, -a, -um	*tot*	frz. mort
mortālis, mortālis, mortāle (*Gen.*: mortālis)	*sterblich (Substantiv Plural: Menschen)*	Salto mortale
immortālis, immortālis, immortāle (*Gen.*: immortālis)	*unsterblich (Substantiv Plural: Götter)*	
fierī, fiō, factus sum	*werden, geschehen, gemacht werden*	
futūrus, -a, -um	*zukünftig*	Futur, engl. future, frz. futur
rēs futūrae	*Zukunft*	

Der menschliche Körper

corpus, corporis *n.*	*Körper, Leichnam*	Korpus, frz. corps
membrum, membrī *n.*	*Glied, Körperteil*	engl. member, frz. membre
sanguis, sanguinis *m.*	*Blut*	
forma, formae *f.*	*Gestalt, Schönheit*	Form, formal
faciēs, faciēī *f.*	*Aussehen, Gesicht*	engl. face
vultus, vultūs *m.*	*Gesicht, Miene, Gesichtsausdruck*	
speciēs, speciēī *f.*	*Aussehen, Anblick, Gestalt, Schein, Art*	Spezies, spezifisch
pulcher, pulchra, pulchrum	*schön, hübsch*	
oculus, oculī *m.*	*Auge*	Okular
auris, auris *f.*	*Ohr*	
caput, capitis *n.*	*Kopf, Haupt, Hauptstadt*	Kapitän, Kapitalverbrechen, engl. capitol
frōns, frontis *m.*	*Stirn, Vorderseite, Gesicht*	Front, frontal
ōs, ōris *n.*	*Gesicht, Mund*	oral, engl. oral
cor, cordis *n.*	*Herz*	frz. coeur
pectus, pectoris *n.*	*Brust, Herz*	
manus, manūs *f.*	*Hand, Schar*	manuell, Manufaktur, Manuskript
pēs, pedis *m.*	*Fuß*	Pedal, „per pedes", frz. pied
valēre, valeō, valuī	*gesund sein, vermögen, Einfluss haben*	Valenz
dolor, dolōris *m.*	*Schmerz*	
dolēre, doleō, doluī	*Schmerz empfinden, bedauern*	
somnus, somnī *m.*	*Schlaf*	
famēs, famis *f.*	*Hunger*	frz. faim
cibus, cibī *m.*	*Speise, Nahrung*	
alere, alō, aluī, altum	*ernähren, großziehen*	Alimente
bibere, bibō, bibī	*trinken*	engl. beverage, frz. boire

Der menschliche Geist

mēns, mentis *f.*	*Geist, Sinn, Verstand, Gedanke*	mental, Mentalität, Demenz	□ □ □
animus, animī *m.*	*Geist, Sinn, Verstand, Mut, Herz*	animieren, Animation	□ □ □
anima, animae *f.*	*Seele, Leben*		□ □ □
spīritus, spīritūs *m.*	*Geist, Seele, Atem*	spirituell, engl. spirit, frz. esprit	□ □ □
ingenium, ingeniī *n.*	*Begabung, Veranlagung, Geist*	Genie, Ingenieur	□ □ □
ratiō, ratiōnis *f.*	*Vernunft, Art und Weise, Berechnung*	rational	□ □ □
eā ratiōne	*auf diese Weise*		
sapientia, sapientiae *f.*	*Weisheit, Wissen*		□ □ □
sapiēns, sapiēns, sapiēns (*Gen.*: sapientis)	*weise, klug*		□ □ □
prūdentia, prūdentiae *f.*	*Klugheit*	frz. prudence	□ □ □
prūdēns, prūdēns, prūdēns (*Gen.*: prudentis)	*klug*	frz. prudent	□ □ □
cōnsilium, cōnsiliī *n.*	*Rat, Plan, Beschluss, Beratung*	frz. conseil	□ □ □
stultitia, stultitiae *f.*	*Torheit, Einfalt, Dummheit*		□ □ □
stultus, -a, -um	*töricht, einfältig, dumm*		□ □ □
vehemēns, vehemēns, vehemēns (*Gen.*: vehementis)	*leidenschaftlich, heftig, energisch*	vehement	□ □ □
cēnsēre, cēnseō, cēnsuī, cēnsum	*meinen, schätzen, beantragen*	Zensor	□ □ □
cōnstituere, cōnstituō, cōnstituī, cōnstitūtum	*festsetzen, beschließen*		□ □ □
cōgitāre, cōgitō, cōgitāvī, cōgitātum	*denken, beabsichtigen*		□ □ □
dēmōnstrāre, dēmōnstrō, dēmōnstrāvī, dēmōnstrātum	*zeigen, beweisen*	demonstrieren	□ □ □
vidērī, videor, vīsus sum	*scheinen*		□ □ □
Prūdens esse vidētur.	*Er scheint klug zu sein.*		
prōvidēre, prōvideō, prōvīdī, prōvīsum	mit *Akk.*: *vorhersehen,* mit *Dat.*: *sorgen für*	Provision	□ □ □
reī pūblicae providēre	*für den Staat sorgen*		
prōspicere, prōspiciō, prōspexī, prōspectum ↗VF	*m. Akk.: vorhersehen, (vor sich) sehen* *m. Dat.: sorgen für*	Prospekt	□ □ □
neglegere, neglegō, neglēxī, neglēctum ↗VF	*vernachlässigen, gering schätzen, nicht beachten*	engl. to neglect, frz. négliger	□ □ □
invenīre, inveniō, invēnī, inventum ↗VF	*finden, erfinden*	engl. to invent, frz. inventer	□ □ □

☐ ☐ ☐ **spērāre**, spērō, spērāvī, spērātum	*hoffen, erwarten*	frz. espérer
☐ ☐ ☐ **spēs**, speī *f.*	*Hoffnung, Erwartung*	
spēs salūtis	*Hoffnung auf Rettung*	
☐ ☐ ☐ **dēspērare**, dēspērō, dēsperāvī, dēspērātum	*verzweifeln, die Hoffnung aufgeben*	engl. to despair, frz. désespérer
dē salūte dēspērāre	*die Hoffnung auf Rettung aufgeben*	
☐ ☐ ☐ **dubitāre**, dubitō, dubitāvī, dubitātum	*zweifeln, zögern*	dubios, engl. to doubt, frz. douter
nōn dubitō, quīn	*ich bezweifele nicht, dass*	
☐ ☐ ☐ **dēsīderāre**, dēsīderō, dēsīderāvī, dēsīderātum	*ersehnen, vermissen*	engl. desire, frz. désirer

II. Fähigkeiten des Menschen

Sprache, Sprechen

lingua, linguae *f.*	*Sprache, Zunge*	Linguistik, engl. language, frz. langage, langue	□ □ □
loquī, loquor, locūtus sum	*sprechen, reden*		□ □ □
dictum, dictī *n.*	*Ausspruch, Wort*		□ □ □
dīcere, dīcō, dīxī, dictum	*sagen, sprechen, nennen*	frz. dire	□ □ □
narrāre, narrō, narrāvī, narrātum	*erzählen, sagen*	engl. to narrate	□ □ □
narrāre dē Rōmānīs	*von den Römern erzählen*		
memorāre, memorō, memorāvī, memorātum	*an etwas erinnern, erwähnen, sagen*	engl. memory	□ □ □
recitāre, recitō, recitāvī, recitātum	*vorlesen, vortragen*	rezitieren, Rezitation	□ □ □
indicium, indiciī *n.*	*Aussage, Anzeige, Merkmal*	Indiz	□ □ □
inquit (innerhalb der direkten Rede)	*sagt(e) er, sie*		□ □ □
aiō, ait, aiunt	*ich sage, er/sie/es sagt, sie sagen*		□ □ □
appellāre, appellō, appellāvī, appellātum	*anreden, nennen*	Appell, appellieren, frz. appeler	□ □ □
vōx, vōcis *f.*	*Stimme, Wort, Ausspruch*	Vokal, engl. voice, frz. voix	□ □ □
vocāre, vocō, vocāvī, vocātum	*rufen, nennen*	Vokativ	□ □ □
convocāre, convocō, convocāvī, convocātum	*zusammenrufen, versammeln*		□ □ □
revocāre, revocō, revocāvī, revocātum	*zurückrufen, zurückziehen*		□ □ □
ōrātiō, ōrātiōnis *f.*	*Rede*		□ □ □
ōrātiōnem habēre	*eine Rede halten*		
ōrāre, ōrō, ōrāvī, ōrātum	*reden, bitten*		□ □ □
clāmor, clāmōris *m.*	*Geschrei*		□ □ □
clāmāre, clāmō, clāmāvī, clāmātum	*rufen, schreien*		□ □ □
querī, queror, questus sum	*klagen*	Querelen, Querulant	□ □ □
nōmen, nōminis *n.*	*Name, Bezeichnung, Begriff*	Nomen, frz. nom	□ □ □
nōmināre, nōminō, nōmināvī, nōminātum	*nennen, erwähnen*	Nominativ	□ □ □
praeterīre, praetereō, praeteriī, praeteritum ↗VF	*übergehen, vorbeigehen*	Präteritum	□ □ □
verbum, verbī *n.*	*Wort, Ausspruch*	verbal, frz. verb	□ □ □

☐ ☐ ☐	**fāma**, fāmae *f.*	*(guter/schlechter) Ruf, Gerücht, Sage*	famos, engl. fame, famous
☐ ☐ ☐	**sententia**, sententiae *f.*	*Ausspruch, Meinung, Satz, Strafe*	engl. sentence
☐ ☐ ☐	**referre**, referō, rettulī, relātum ↗VF	*zurückbringen, melden, beziehen auf* (referre ad)	relativ, Relativpronomen, Referat, Referenz, engl. to refer
	referre ad senātum	*dem Senat berichten*	
☐ ☐ ☐	**dēferre**, dēferō, dētulī, dēlātum ↗VF	*melden, übertragen*	
☐ ☐ ☐	**tacēre**, taceō, tacuī, tacitum	*schweigen*	
☐ ☐ ☐	**silentium**, silentiī *n.*	*Schweigen, Stille, Ruhe*	engl. silence, frz. silence
☐ ☐ ☐	**sermo**, sermōnis *m.*	*Gespräch, Sprache*	Sermon
☐ ☐ ☐	**avē**!	*Sei gegrüßt!*	
☐ ☐ ☐	**salvē**! salvēte!	*Sei gegrüßt! Seid gegrüßt!*	
☐ ☐ ☐	**prōpōnere**, prōpōnō, prōposuī, prōpositum ↗VF	*darlegen, vorlegen, in Aussicht stellen*	
☐ ☐ ☐	**respondēre**, respondeō, respondī, respōnsum	*antworten, erwidern, entsprechen*	Korrespondenz, engl. to respond, response, frz. répondre
☐ ☐ ☐	**persuādēre**, persuādeō, persuāsī, persuāsum (*m. Dat.*)	*m.* ut: *überreden* *m. AcI: überzeugen*	
	mihi persuāsum est	*ich bin überzeugt*	
☐ ☐ ☐	**contendere**, contendō, contendī, contentum	*behaupten, sich anstrengen, kämpfen, eilen*	
☐ ☐ ☐	**negāre**, negō, negāvī, negātum	*leugnen; verweigern; sagen, dass nicht; verneinen*	Negation, negativ
☐ ☐ ☐	**prōmittere**, prōmittō, prōmisī, prōmissum ↗VF	*versprechen*	engl. to promise, frz. promettre
☐ ☐ ☐	**pollicērī**, polliceor, pollicitus sum	*versprechen*	
☐ ☐ ☐	**valē**! valēte!	*Lebe wohl! Lebt wohl!*	
☐ ☐ ☐	**cōnfirmāre**, cōnfirmō, cōnfirmāvī, cōnfirmātum	*bestärken, bekräftigen, versichern, stärken*	Konfirmation, engl. to confirm
☐ ☐ ☐	**fatērī**, fateor, fassus sum	*bekennen, gestehen, zugeben*	
☐ ☐ ☐	**reprehendere**, reprehendō, reprehendī, reprehēnsum	*zurechtweisen, tadeln*	

Verneinung

☐ ☐ ☐	**nōn**	*nicht*	engl. no, frz. non
☐ ☐ ☐	**haud**	*nicht*	

haud sciō	*ich weiß nicht*		☐☐☐

Fragen und Auffordern

rogāre, rogō, rogāvī, rogātum	*fragen, bitten*		☐☐☐
cōnsulere, cōnsulō, consuluī, cōnsultum	*m. Akk.: um Rat fragen, beraten* *m. Dat.: sorgen für* *m.* in + *Akk.: vorgehen gegen*	Konsul, konsultieren	☐☐☐
cīvitātī cōnsulere	*für den Staat sorgen*		
cōnsulere in hostes	*gegen die Feinde vorgehen*		
ōrāre, ōrō, ōrāvī, ōrātum	*beten, bitten*		☐☐☐
quaerere, quaerō, quaesīvī, quaesītum	*suchen, fragen* (mit ex/ab + *Abl.*)	engl. question, frz. question	☐☐☐
aliquem quaerere	*jemanden suchen*		
aliquid ex aliquo quaerere	*jemanden nach etwas fragen*		
interrogāre, interrogō, interrogāvī, interrogātum	*(be)fragen*	Interrogativpronomen	☐☐☐
-**ne** (angehängt)	dient als Fragepartikel, die erwartete Antwort ist ja oder nein		
Fuistīne iam Rōmae?	*Bist Du schon in Rom gewesen?*		
nōnne?	*(etwa) nicht?*	erwartete Antwort: ja	☐☐☐
num?	*etwa?*	erwartete Antwort: nein	☐☐☐
an	*oder (in der Frage)*		☐☐☐
monēre, moneō, monuī, monitum	*ermahnen, auffordern, erinnern*	monieren, Monitor	☐☐☐
praecipere, praecipiō, praecēpī, praeceptum ↗VF	*vorschreiben, (be)lehren, vorwegnehmen*		☐☐☐
hortārī, hortor, hortātus sum	*ermahnen, auffordern*	Hortativ	☐☐☐
poscere, poscō, poposcī	*fordern*		☐☐☐
postulāre, postulō, postulāvī, postulātum	*fordern, verlangen*	postulieren, Postulat	☐☐☐
iubēre, iubeō, iussī, iussum *m. Akk.*	*befehlen, beauftragen*	Iussiv	☐☐☐
tē iubeō	*ich befehle dir*		
iussū *m.*	*auf Befehl, im Auftrag*		☐☐☐
pārēre, pāreō, pāruī	*gehorchen*	parieren	☐☐☐

Wahrnehmen und Erkennen

☐☐☐ **sentīre**, sentiō, sēnsī, sēnsum	*fühlen, meinen*	sensibel, frz. sentir
☐☐☐ **sēnsus**, sēnsūs *m.*	*Sinn, Sinneswahrnehmung, Empfindung*	Sensorium, engl. sense, frz. sens
☐☐☐ **cōnsentire**, cōnsentiō, cōnsēnsī, cōnsēnsum	*übereinstimmen, einig sein*	Konsens
☐☐☐ **vidēre**, videō, vīdī, vīsum	*sehen*	Video, Vision, frz. voir
☐☐☐ **vidērī**, videor, vīsus sum	*scheinen (gesehen werden)*	
☐☐☐ **spectāculum**, spectāculī *n.*	*Schauspiel*	Spektakel
☐☐☐ **spectāre**, spectō, spectāvī, spectātum	*betrachten, schauen*	engl. spectator, frz. spectateur
☐☐☐ **exspectāre**, exspectō, exspectāvī, exspectātum	*warten, erwarten*	engl. expect
☐☐☐ **aspicere**, aspiciō, aspexī, aspectum ↗VF	*erblicken, ansehen*	Aspekt
☐☐☐ **cōnspicere**, cōnspiciō, cōnspexī, cōnspectum ↗VF	*erblicken, ansehen*	
☐☐☐ **perspicere**, perspiciō, perspexī, perspectum ↗VF	*durchschauen, erkennen, genau betrachten*	Perspektive
☐☐☐ **cernere**, cernō, crēvī, crētum	*sehen, wahrnehmen, erkennen*	
☐☐☐ **comperīre**, comperiō, comperī, compertum	*erfahren, in Erfahrung bringen*	
☐☐☐ **imāgō**, imāginis *f.*	*Bild*	Image, engl. image, imagination, frz. image
☐☐☐ **tuērī**, tueor	*betrachten, schützen, sorgen für*	Tutor
☐☐☐ **tūtus**, -a, -um	*sicher, geschützt*	
☐☐☐ **audīre**, audiō, audīvī, audītum	*hören*	Auditorium, Audienz, Audio, Audi
☐☐☐ **animadvertere**, animadvertō, animadvertī, animadversum ↗VF	*bemerken, wahrnehmen, vorgehen (gegen)*	
☐☐☐ **ācer**, ācris, ācre (*Gen.*: ācris)	*heftig, scharf, erbittert, eifrig*	akribisch
☐☐☐ **dūrus**, -a, -um	*hart*	Dur, frz. dur
☐☐☐ **asper**, aspera, asperum	*hart, rau*	
☐☐☐ **firmus**, -a, -um	*fest, stark, zuverlässig*	Firmung, firm
☐☐☐ **levis**, levis, leve (*Gen.*: levis)	*leicht, leichtfertig*	
☐☐☐ **mollis**, mollis, molle (*Gen.*: mollis)	*weich, mild*	Moll
☐☐☐ **dulcis**, dulcis, dulce (*Gen.*: dulcis)	*süß, angenehm*	frz. douce
☐☐☐ **manifestus**, -a, -um	*klar, deutlich, offenkundig*	Manifest
☐☐☐ **vestīgium**, vestīgiī *n.*	*Spur, Fuß, Stelle*	

Denken und Wissen

scientia, scientiae *f.*	*Wissen, Kenntnis*	engl. science	□ □ □
scīre, sciō, sciī/scīvī, scītum	*wissen*		□ □ □
nescīre, nesciō, nesciī/nescīvī, nescītum	*nicht wissen*		□ □ □
cōnscius, -a, -um *m. Gen./Dat.*	*vertraut (mit), eingeweiht (in), bewusst*	engl. conscious	□ □ □
īgnōrāre, īgnōrō, īgnōrāvī, īgnōrātum	*nicht kennen, nicht wissen*	Ignorant, ignorieren	□ □ □
nōn īgnōrāre	*genau kennen/wissen*		
errāre, errō, errāvī, errātum	*(sich) irren*	engl. error „Errare humanum est."	□ □ □
nōscere, nōscō, nōvī, nōtum	*kennen lernen, erkennen*		□ □ □
nōvisse, nōvī	*kennen, wissen*		□ □ □
nōtus, -a, -um	*bekannt*		□ □ □
cognōscere, cognōscō, cognōvī, cognitum	*erkennen, bemerken, kennen lernen*	incognito	□ □ □
occultus, -a, -um	*verborgen, geheim*	Okkultismus	□ □ □
reperīre, reperiō, repperī, repertum	*(wieder) finden*	Repertoire	□ □ □
experīrī, experior, expertus sum	*erfahren, erproben*	Experte, Experiment	□ □ □
intellegere, intellegō, intellēxī, intellēctum ↗VF	*verstehen, erkennen, begreifen, wahrnehmen*	Intelligenz, intellektuell	□ □ □
memoria, memoriae *f.*	*Erinnerung, Gedächtnis, Zeit*	Memoiren, engl. memory, frz. mémoire	□ □ □
memoriā tenēre	*im Gedächtnis behalten, sich erinnern*		
meminisse, meminī *m. Gen.*	*sich erinnern, denken an*		□ □ □
beneficiī meminisse	*sich an die Wohltat erinnern*		
memor, memor, memor (*Gen.*: memoris)	*sich erinnernd (an), eingedenk*		□ □ □
memor sum tuī	*ich denke an Dich*		
oblīvīscī, oblīvīscor, oblītus sum *m. Gen.*	*vergessen, übersehen*		□ □ □
oblītus salūtis meae	*mein Wohlergehen außer Acht lassend*		
putāre, putō, putāvī, putātum	*glauben, meinen, halten für*		□ □ □
dūcere, dūcō, dūxī, ductum ↗VF	*glauben, meinen, halten für, führen, ziehen*		□ □ □
rērī, reor, ratus sum	*meinen, glauben, halten für*	Rate	□ □ □

☐ ☐ ☐ **arbitrārī**, arbitror, arbitrātus sum	*glauben, meinen, halten für*	frz. arbitre
☐ ☐ ☐ **crēdere**, crēdō, crēdidī, crēditum ↗VF	*glauben, (an)vertrauen*	Kredit, frz. croire
☐ ☐ ☐ **incrēdibilis**, incrēdibilis, incrēdibile (*Gen.*: incrēdibilis)	*unglaublich, außerordentlich*	engl./frz. incredible
☐ ☐ ☐ **suspicārī**, suspicor, suspicātus sum	*vermuten, Verdacht schöpfen*	suspekt, engl. to suspect, frz. suspecter
☐ ☐ ☐ **suspīciō**, suspīciōnis *f.*	*Verdacht, Vermutung*	engl. suspicion
☐ ☐ ☐ **discere**, discō, didicī	*lernen*	
☐ ☐ ☐ **docēre**, doceō, docuī, doctum	*lehren*	Doktor, Dozent, Doktrin
☐ ☐ ☐ **doctus**, -a, -um	*gelehrt, gebildet*	
☐ ☐ ☐ **magister**, magistrī *m.*	*Lehrer*	Meister
☐ ☐ ☐ **expōnere**, expōnō, exposuī, expositum ↗VF	*darlegen, ausstellen, aussetzen*	Exponat, engl./frz. exposition
☐ ☐ ☐ **opīniō**, opīniōnis *f.*	*Meinung, Vermutung, Erwartung*	engl./frz. opinion
Vēnit opīniōne celerius.	*Er kam unerwartet schnell.*	

Vergleichen und Bewerten

☐ ☐ ☐ **exīstimāre**, exīstimō, exīstimāvī, exīstimātum	*glauben, meinen, schätzen, urteilen*	
☐ ☐ ☐ **aestimāre**, aestimō, aestimāvī, aestimātum	*schätzen, bewerten, beurteilen, glauben*	engl. to estimate, estimer
☐ ☐ ☐ **dēligere**, dēligō, dēlēgī, dēlēctum ↗VF	*auswählen*	
☐ ☐ ☐ **ēligere**, ēligō, ēlēgī, ēlēctum ↗VF	*auswählen*	engl. to elect, election
☐ ☐ ☐ **praeferre**, praeferō, praetulī, praelātum ↗VF	*vorziehen*	Präferenz, engl. to prefer, frz. préférer
☐ ☐ ☐ **probāre**, probō, probāvī, probātum	*anerkennen, gutheißen, prüfen*	Probe, probieren, frz. prouver
☐ ☐ ☐ **praestāre**, praestō, praestitī, praestātūrus ↗VF	*m. Dat.: voranstehen, übertreffen, m. Akk.: leisten, erfüllen, erweisen*	
omnibus virtūte praestāre	*alle an Tapferkeit übertreffen*	
officium praestāre	*seine Pflicht erfüllen*	
sē prūdentem praestāre	*sich als klug erweisen*	
praestat, praestitit	*es ist besser*	
☐ ☐ ☐ **vērus**, -a, -um	*wahr, echt*	
☐ ☐ ☐ **certus**, -a, -um	*sicher, zuverlässig, gewiss*	engl./frz. certain
☐ ☐ ☐ **incertus**, -a, -um	*unsicher, ungewiss*	engl. uncertain

falsus, -a, -um	*falsch, treulos*	engl. false, frz. faux	☐☐☐
pār, pār, pār (*Gen.*: paris)	*gleich, ebenbürtig*		☐☐☐
aequus, -a, -um	*gleich, gerecht, günstig, billig*	Äquivalent	☐☐☐
aequō animō	*mit Gelassenheit / Gleichmut*		
inīquus, -a, -um	*ungleich, ungerecht*		☐☐☐
dīversus, -a, -um	*entgegengesetzt, verschieden*	divers	☐☐☐
varius, -a, -um	*verschiedenartig, abwechselnd, unbeständig*	variabel, Variante, engl. various	☐☐☐
similis, similis, simile (*Gen.*: similis)	*ähnlich*	engl. similar	☐☐☐
aliēnus, -a, -um	*fremd, unpassend*	engl. alien	☐☐☐
novus, -a, -um	*neu*	Novum, Novize, engl. new, frz. neuf	☐☐☐
īgnōtus, -a, -um	*unbekannt*		☐☐☐
melior, melior, melius (*Gen.*: meliōris)	*besser*	frz. meilleur	☐☐☐
optimus, -a, -um	*der beste*		☐☐☐
causa, causae *f.*	*Grund, Ursache, Prozess*	Kausalsatz, engl./frz. cause	☐☐☐
quā (eā) dē causā	*aus diesem Grund, deshalb*		
māgnitūdō, māgnitūdinis *f.*	*Größe, Bedeutung*		☐☐☐
māgnus, -a, -um	*groß, bedeutend*		☐☐☐
māior, māior, māius (*Gen.*: māiōris)	*größer*	Major, engl. major, frz. majeur	☐☐☐
maximus, -a, -um	*der größte, sehr groß*	Maximum, maximal	☐☐☐
parvus, -a, -um	*klein, gering, unbedeutend*		☐☐☐
minor, minor, minus (*Gen.*: minōris)	*kleiner, geringer*		☐☐☐
minimus, -a, -um	*der kleinste, geringste*	Minimum, minimal	☐☐☐
malus, -a, -um	*schlecht, böse, schlimm*		☐☐☐
pēior, pēior, pēius (*Gen.*: pēiōris)	*schlechter, schlimmer*	frz. pire	☐☐☐
pessimus, -a, -um	*der schlechteste, schlimmste*	Pessimist	☐☐☐
augēre, augeō, auxī, auctum	*vermehren, vergrößern*	Auktion	☐☐☐
dīvidere, dīvidō, dīvīsī, dīvīsum	*teilen, verteilen, trennen*	Division, Divisor, Dividend	☐☐☐
tantus, -a, -um	*so groß, so viel*		☐☐☐
quantus, -a, -um	*wie groß, wie viel*	Quantum, Quantität	☐☐☐
tot (unveränderlich)	*so viele*		☐☐☐
quot (unveränderlich)	*wie viele*	Quote	☐☐☐
tālis, tālis, tāle (*Gen.*: tālis)	*so beschaffen, solch*		☐☐☐
quālis, quālis, quāle (*Gen.* : qualis)	*wie beschaffen*	Qualität	☐☐☐
ferē (nachgestellt)	*beinahe, fast, ungefähr*		☐☐☐

	omnes ferē	*fast alle*	
☐ ☐ ☐	**quotiēns**	*wie oft*	Quotient
☐ ☐ ☐	**nimius**, -a, -um	*zu groß, zu viel, übermäßig*	
☐ ☐ ☐	**quō ... eō** (beim Komparativ)	*je ... desto*	
☐ ☐ ☐	**quantō ... tantō** (beim Komparativ)	*je ... desto*	
	Quō (quantō) brevior lēx est, eō (tantō) melior est.	*Je kürzer ein Gesetz ist, desto besser ist es.*	
☐ ☐ ☐	**singulāris**, singulāris, singulāre (*Gen.*: singulāris)	*einzeln, einzigartig, ausgezeichnet*	singulär, Singular
☐ ☐ ☐	**ēgregius**, -a, -um	*ausgezeichnet, vortrefflich*	
☐ ☐ ☐	**idōneus**, -a, -um	*geeignet, brauchbar, passend*	
☐ ☐ ☐	**imitārī**, imitor, imitātus sum	*nachahmen,*	imitieren, Imitator
☐ ☐ ☐	**inānis**, inānis, ināne (*Gen.*: inānis)	*leer, wertlos, erfolglos*	
☐ ☐ ☐	**differre**, differō ↗VF	*sich unterscheiden*	Differenz, engl. difference
☐ ☐ ☐	**pretium**, pretiī *n.*	*Preis, Wert*	engl. precious, frz. précieux

Wollen und Streben

☐ ☐ ☐	**voluntās**, voluntātis *f.*	*Wille, Wunsch, Absicht, Wohlwollen*	Volontariat, engl. volunteer, frz. volonté
☐ ☐ ☐	**velle**, volō, voluī	*wollen*	frz. vouloir
☐ ☐ ☐	**nōlle**, nōlō, nōluī	*nicht wollen*	
☐ ☐ ☐	**mālle**, mālō, māluī	*lieber wollen*	
☐ ☐ ☐	**nītī**, nītor, nīxus (nīsus) sum *m. Abl.*	*streben, sich bemühen, sich verlassen auf*	
☐ ☐ ☐	**cōnsiliō** senātūs nītī	*sich auf den Rat des Senats verlassen*	
☐ ☐ ☐	**petere**, petō, petīvī, petītum	*streben nach, aufsuchen, bitten, angreifen*	Petiton
	fugā salūtem petere	sein Heil in der Flucht suchen, flüchten	
☐ ☐ ☐	**appetere**, appetō, appetīvī, appetītum	*begehren, verlangen, angreifen*	Appetit
☐ ☐ ☐	**repetere**, repetō, repetīvī, repetītum	*zurückfordern, wiederholen*	engl. repeat, frz. répéter
☐ ☐ ☐	**studēre**, studeō, studuī (*m. Dat.*)	*streben (nach), sich beschäftigen (mit), sich bemühen (um)*	Student, engl. study, frz. étudier
	litterīs studēre	*sich den Wissenschaften widmen*	
☐ ☐ ☐	**optāre**, optō, optāvī, optātum	*wünschen*	Option, Optativ

cupiditās, cupiditātis *f.*	*(heftiges) Verlangen, Begierde*		☐☐☐
cupīdō, cupīdinis *f.*	*Begierde, Leidenschaft*		☐☐☐
cupere, cupiō, cupīvī, cupītum	*begehren, wünschen, wollen*		☐☐☐
cupidus, -a, -um (*m. Gen.*)	*gierig (nach)*		☐☐☐
pecūniae cupidus	*geldgierig*		
cavēre, caveō, cāvī, cautum (*m. Akk.*)	*sich hüten (vor)*	Kaution, engl. caution	☐☐☐
cōgere, cōgō, coēgī, coāctum ↗VF	*zwingen, versammeln*		☐☐☐
invītus, -a, -um	*widerwillig, ungern*		☐☐☐
mē invītō	*gegen meinen Willen*		
parātus, -a, -um	*bereit, entschlossen*	parat (stehen)	☐☐☐
parātus ad agendum	*zum Handeln bereit*		
placēre, placeō, placuī	*gefallen*	sein Plazet geben	☐☐☐
senātuī placet	**der Senat beschließt**		

Wissenschaft und Kunst

ingenium, ingeniī *n.*	*Begabung, Veranlagung, Geist*	Genie, Ingenieur	☐☐☐
vir magnī ingeniī	*ein hochbegabter Mann*		
sapientia, sapientiae *f.*	*Weisheit, Wissen*		☐☐☐
philosophus, philosophī *m.*	*Philosoph*		☐☐☐
philosophia, philosophiae *f.*	*Philosophie*		☐☐☐
disciplina, disciplinae *f.*	*Lehre, Bildung, Zucht,*	Disziplin, engl. discipline, frz. discipline	☐☐☐
praeceptum, praeceptī *n.*	*Lehre, Weisung, Vorschrift*		☐☐☐
auctor, auctōris *m.*	*Schriftsteller, Urheber*	Autor	☐☐☐
scrībere, scrībō, scrīpsī, scrīptum	*schreiben, verfassen, beschreiben*	Skript, Manuskript, frz. écrire	☐☐☐
trādere, trādō, trādidī, trāditum ↗VF	*überliefern, übergeben*	Tradition	☐☐☐
poēta, poētae *m.*	*Dichter*	Poet, Poesie, engl. poet, poetry	☐☐☐
carmen, carminis *n.*	*Lied, Gedicht*		☐☐☐
legere, legō, lēgī, lēctum ↗VF	*lesen, sammeln, auswählen*	Lektüre, Legende, Lektor	☐☐☐
liber, librī *m.*	*Buch*	engl. library, frz. livre	☐☐☐
libellus, libellī *m.*	*Büchlein, kleine Schrift*		☐☐☐
littera, litterae *f.*	*Buchstabe*		☐☐☐
litterae, litterārum *f.*	*Brief, Wissenschaft(en), Literatur*	Literatur, engl. letter, frz. lettre	☐☐☐
epistula, epistulae *f.*	*Brief*	Epistel	☐☐☐
ars, artis *f.*	*Kunst, Fähigkeit, Eigenschaft*	Artist, engl. art, frz. art	☐☐☐

ars dicendī	*die Redekunst*	
☐☐☐ **simulācrum**, simulācrī *n.*	*Bild, Nachbildung, Traumbild, Schatten (von Toten)*	
☐☐☐ **tabula**, tabulae *f.*	*Tafel, Gemälde, Schriftstück*	Tabelle, Tablett, Tablette, Tableau, engl. table, frz. tableau, frz. table

Orientierung in Raum und Zeit

☐☐☐ **locus**, locī *m.*	*Ort, Platz, Stelle, Rang*	Lokal, engl. location, local
☐☐☐ **loca**, locōrum *n.*	*Gegend*	
☐☐☐ **mundus**, mundī *m.*	*Welt*	frz. monde
☐☐☐ **orbis**, orbis *m.*	*Kreis, Welt*	Orbit, „Urbi et orbi" (Segen des Papstes)
orbis terrārum	*Erdkreis, Welt*	
☐☐☐ **spatium**, spatiī *n.*	*Zwischenraum, Strecke, Weg, Zeit(raum), Frist*	engl. space, frz. espace
☐☐☐ **sēdēs**, sēdis *f.*	*Sitz, Wohnsitz*	Sessel
☐☐☐ **sedēre**, sedeō, sēdī	*sitzen*	
☐☐☐ **stāre**, stō, stetī, stātūrus ↗VF	*stehen*	Status
☐☐☐ **manēre**, maneō, mānsī, mānsūrus	*bleiben, (er)warten*	
☐☐☐ **remanēre**, remaneō, remānsī	*zurückbleiben, ausharren*	engl. to remain
☐☐☐ **versārī**, versor, versātus sum	*sich aufhalten, sich befinden, sich beschäftigen (mit)*	versiert
versāri in litterīs	*sich mit Literatur beschäftigen*	
☐☐☐ **iacēre**, iaceō, iacuī	*liegen*	
☐☐☐ **pertinēre**, pertineō, pertinuī ↗VF	*sich erstrecken, sich beziehen auf, gehören zu*	
☐☐☐ **superior**, superior, superius (*Gen.*: superiōris)	*der obere, höher, früher*	engl. superior, frz. supérieur
☐☐☐ **summus**, -a, -um	*der höchste*	
☐☐☐ **medius**, -a, -um	*der mittlere*	Medium, Medien
☐☐☐ **ultimus**, -a, -um	*der äußerste, letzte*	Ultimatum
☐☐☐ **proximus**, -a, -um	*der nächste*	
☐☐☐ **prior**, prius	*der vordere, frühere, höherstehende*	Prior (im Kloster)
☐☐☐ **pars**, partis *f.*	*Teil, Seite, Richtung*	partiell, Partei
☐☐☐ **regiō**, regiōnis *f.*	*Richtung, Gegend*	Region, regional, engl. region, frz. région

fīnis, fīnis *m.*	*Grenze, Ziel, Ende*	Finale, engl. final, finish, frz. fin	☐ ☐ ☐
fīnēs, fīnium *m.*	*Grenzen, Gebiet*		☐ ☐ ☐
altus, -a, -um	*hoch, tief*	Alt (Musik)	☐ ☐ ☐
longus, -a, -um	*lang*	engl. long, frz. long	☐ ☐ ☐
amplus, -a, -um	*groß, weiträumig, bedeutend*		☐ ☐ ☐
tempus, temporis *n.*	*Zeit, Gelegenheit*	Tempus, temporal, temporär, frz. temps	☐ ☐ ☐
aetās, aetātis *f.*	*Zeit, Zeitalter, Alter*		☐ ☐ ☐
aetātem agere	*Zeit verbringen, leben*		
aeternus, -a, -um	*ewig*	engl. eternal, frz. éternel	☐ ☐ ☐
annus, annī *m.*	*Jahr*	Annalen, frz. an	☐ ☐ ☐
saeculum, saeculī *n.*	*Zeitalter, Jahrhundert*	frz. siècle	☐ ☐ ☐
antīquus, -a, -um	*alt*	antik, Antike, Antiquität	☐ ☐ ☐
diēs, diēī *m./f.*	*Tag (m.), Termin (f.)*	engl. day	☐ ☐ ☐
nox, noctis *f.*	*Nacht*	frz. nuit	☐ ☐ ☐
vigilia, vigiliae *f.*	*Nachtwache (= ein Viertel der Nacht)*		☐ ☐ ☐
obscūrus, -a, -um	*dunkel, finster, unklar, unbekannt*	obskur	☐ ☐ ☐
initium, initiī *n.*	*Anfang, Beginn*	Initiative, Initialen	☐ ☐ ☐
posterus, -a, -um	*folgend*		☐ ☐ ☐
posterī, posterōrum m	*Nachkommen*		☐ ☐ ☐
vetus, vetus, vetus (*Gen.*: veteris)	*alt*	Veteran	☐ ☐ ☐
hōra, hōrae *f.*	*Stunde*	engl. hour, frz. heure	☐ ☐ ☐
brevis, brevis, breve (*Gen.*: brevis)	*kurz*	Brief, frz. bref	☐ ☐ ☐
perpetuus, -a, -um	*fortdauernd, beständig*	Perpetuum mobile	☐ ☐ ☐
mora, morae *f.*	*Aufenthalt, Verzögerung*	Moratorium	☐ ☐ ☐
sine morā	*ohne Verzögerung, unverzüglich, sofort*		
morārī, moror, morātus sum	*(sich) aufhalten*		☐ ☐ ☐
inesse, insum ↗VF	*innewohnen, darin sein*		☐ ☐ ☐
continēre, contineō, continuī ↗VF	*zusammenhalten, enthalten*	Kontinent, Container, engl. to contain, content	☐ ☐ ☐
praesēns, praesēns, praesēns (*Gen.*: praesentis)	*gegenwärtig, augenblicklich*	Präsens, präsent, engl. present, frz. présent	☐ ☐ ☐
recēns, recēns, rēcēns (*Gen.*: recentis)	*frisch, neu*	engl. recent, frz. récent	☐ ☐ ☐

Mengenbegriffe

modus, modī *m.*	*Maß, Art, Weise*	Mode, Modalsatz
cōpia, cōpiae *f.*	*Menge, Vorrat*	Kopie, engl. copy
inopia, inopiae *f.*	*Mangel, Not*	
pars, partis *f.*	*Teil, Seite, Richtung*	partiell, Partei
numerus, numerī *m.*	*Anzahl, Zahl*	Nummer, engl. number, frz. nombre
turba, turbae *f.*	*Menschenmenge, Schar, Aufruhr*	
multus, -a, -um	*viel*	Multiplikation, Multi-
multitūdō, multitūdinis *f.*	*Menge, Vielzahl, Übermacht*	
omnis, omnis, omne (*Gen.*: omnis)	*ganz, gesamt, jeder*	Omnibus (= für alle)
cunctī, -ae, -a	*alle*	
ūniversus, -a, -um	*gesamt, ganz* (Plural: *alle*)	Universum, Universität, engl. universe, university, frz. univers, université
plūrēs, plūrēs, plūra	*mehr, mehrere*	Plural
plūrimī, -ae, -a	*die meisten*	
complūrēs, complūrēs, complūra	*mehrere, ziemlich viele*	
plērīque, plēraeque, plēraque	*die meisten*	
tōtus, -a, -um (*Gen.*: tōtīus, *Dat.*: tōtī)	*ganz*	total, frz. tout
ingēns, ingēns, ingēns (*Gen.*: ingentis)	*ungeheuer, gewaltig, riesig*	
paucī, -ae, -a	*wenige*	
cēterī, -ae, -a	*die übrigen*	et cetera (etc.)
relīquus, -a, -um	*übrig, restlich, zukünftig*	Reliquie
plēnus, -a, -um	*voll*	engl. plenty, frz. plein
plēnus timōris	*voll Furcht*	
nihil (nīl)	*nichts*	Nihilismus
nihil nisī	*nichts außer, nur*	
nūllus, -a, -um (*Gen.*: nūllīus, *Dat.*: nūllī)	*kein, keine, kein*	Null
nōnnūllī, -ae, -a	*einige, manche*	
sōlus, -a, -um (*Gen.*: sōlīus, *Dat.*: sōlī)	*allein*	Solo, frz. seul
singulī, -ae, -a	*einzeln, je ein*	Singular, Single, singulär
rārus, -a, -um	*vereinzelt, selten*	rar, Rarität, engl. rare, frz. rare
frequēns, frequēns, frequēns (*Gen.*: frequentis)	*zahlreich, häufig*	Frequenz

Positive Gefühle

amor, amōris *m.*	*Liebe*	frz. amour	☐ ☐ ☐
amāre, amō, amāvī, amātum	*lieben*	Amateur, frz. aimer	☐ ☐ ☐
amīcus, amīcī *m.*	*Freund*	frz. ami	☐ ☐ ☐
amīca, amīcae *f.*	*Freundin*	frz. amie	☐ ☐ ☐
amīcitia, amīcitiae *f.*	*Freundschaft*	frz. amitié	☐ ☐ ☐
dīligere, dīligō, dīlēxī, dīlēctum ↗VF	*lieben, schätzen, hochachten*		☐ ☐ ☐
dēlectāre, dēlectō, dēlectāvī, dēlectātum	*erfreuen, Spaß machen*		☐ ☐ ☐
iuvāre, iuvō, iūvī, iūtum	*erfreuen, unterstützen*		☐ ☐ ☐
iuvat	*es erfreut*		
gaudium, gaudiī *n.*	*Freude, Vergnügen*	Gaudi	☐ ☐ ☐
gaudēre, gaudeō, gāvīsus sum *m. Abl.* (*Semi-Deponens*)	*sich freuen*		☐ ☐ ☐
victōriā gaudēre	*sich über den Sieg freuen*	engl. victory, frz. victoire	
rīdēre, rīdeō, rīsī, rīsum	*lachen*	engl. ridiculous, frz. rire	☐ ☐ ☐
laetitia, laetitiae *f.*	*Freude, Fröhlichkeit*		☐ ☐ ☐
laetus, -a, -um	*fröhlich, heiter*		☐ ☐ ☐
voluptās, voluptātis *f.*	*Vergnügen, Lust*		☐ ☐ ☐
beātus, -a, -um	*glücklich*	Beate	☐ ☐ ☐
iucundus, -a, -um	*angenehm, erfreulich*		☐ ☐ ☐
fēlīx, fēlīx, fēlīx (*Gen.*: fēlīcis)	*glücklich*		☐ ☐ ☐
contentus, -a, -um (*m. Abl.*)	*zufrieden*	engl./frz. content	☐ ☐ ☐
Natura parvō contenta est.	*Die Natur ist mit wenig zufrieden.*		
mīrus, -a, -um	*wunderbar, sonderbar, bewundernswert*	engl. miracle	☐ ☐ ☐
mīrārī, mīror, mīrātus sum	*sich wundern, bewundern*		☐ ☐ ☐
celebrāre, celebrō, celebrāvī, celebrātum	*feiern, preisen*	zelebrieren, engl. to celebrate	☐ ☐ ☐
cārus, -a, -um	*lieb, wertvoll*	„Caritas" = Liebesdienst, frz. cher	☐ ☐ ☐
sōlācium, sōlāciī *n.*	*Trost, Zuflucht*		☐ ☐ ☐

Negative Gefühle

timēre, timeō, timuī	*fürchten*		☐ ☐ ☐
timēre, nē	*fürchten, dass*		☐ ☐ ☐
timor, timōris *m.*	*Furcht*		☐ ☐ ☐
timidus, -a, -um	*furchtsam, ängstlich, scheu*	engl. timid, frz. timide	☐ ☐ ☐

☐ ☐ ☐ **metus**, metūs *m.*	*Furcht*	
☐ ☐ ☐ **metuere**, metuō, metuī	*fürchten*	
☐ ☐ ☐ **verērī**, vereor, veritus sum	*fürchten, scheuen, verehren*	Reverenz
☐ ☐ ☐ **vereor**, nē	*ich fürchte, dass*	
☐ ☐ ☐ **terrēre**, terreō, terruī, territum	*erschrecken*	Terror
☐ ☐ ☐ **perterrēre**, perterreō, perterruī, perterritum	*sehr erschrecken*	
☐ ☐ ☐ **patī**, patior, passus sum	*leiden, dulden, zulassen*	Patient, Passion, engl. patience
☐ ☐ ☐ **miseria**, miseriae *f.*	*Leid, Elend, Unglück*	Misere, engl. misery, frz. misère
☐ ☐ ☐ **miser**, misera, miserum	*arm, elend, unglücklich*	miserabel
☐ ☐ ☐ **maestus**, -a, -um	*traurig, betrübt, unheilvoll*	
☐ ☐ ☐ **trīstis**, trīstis, trīste (*Gen.*: trīstis)	*traurig, unfreundlich*	trist, frz. triste
☐ ☐ ☐ **flēre**, fleō, flēvī, flētum	*(be)weinen*	flennen
☐ ☐ ☐ **lacrima**, lacrimae *f.*	*Träne*	
☐ ☐ ☐ **lūctus** lūctūs *m.*	*Trauer*	
☐ ☐ ☐ **inimīcus**, -a, -um	*feindlich (Substantiv: Feind)*	engl. enemy, frz. ennemi
☐ ☐ ☐ **contemnere**, contemnō, contempsī, contemptum	*verachten, gering schätzen*	engl. to contempt
☐ ☐ ☐ **dēspicere**, dēspiciō, dēspexī, dēspectum ↗VF	*herabsehen, verachten*	despektierlich
☐ ☐ ☐ **invidia**, invidiae *f.*	*Neid, Missgunst, Hass*	engl. envy, frz. envie
☐ ☐ ☐ **saevus**, -a, -um	*wild, wütend*	
☐ ☐ ☐ **īra**, īrae *f.*	*Zorn*	
☐ ☐ ☐ **īrātus**, -a, -um	*zornig, erzürnt*	
☐ ☐ ☐ **furor**, furōris *m.*	*Wahnsinn, Wut, Tobsucht*	Furie, furios, engl. furious
☐ ☐ ☐ **odium**, odiī *n.*	*Hass*	
☐ ☐ ☐ **ōdisse**, ōdī	*hassen*	

III. Handeln

Handlungsweisen

factum, factī *n.*	*Handlung, Tat, Tatsache*	Fakt, frz. fait	□ □ □
facere, faciō, fēcī, factum ↗VF	*machen, tun*	Manufaktur, frz. faire	□ □ □
efficere, efficiō, effēcī, effectum ↗VF	*bewirken, schaffen, herstellen*	effizient, Effekt, frz. efficace	□ □ □
āctiō, āctiōnis *f.*	*Tätigkeit, Handlung, Prozess, Gerichtsrede*	Aktion, engl. action	□ □ □
agere, agō, ēgī, āctum ↗VF	*treiben, betreiben, handeln, verhandeln*	Agenda, aktiv, frz. agir	□ □ □
agitāre, agitō, agitāvī, agītātum	*treiben, betreiben*	Agitation	□ □ □
modus, modī *m.*	*Art, Weise, Maß*	Modus, Modalsatz	□ □ □
cūra, cūrae *f.*	*Sorge, Sorgfalt, Pflege*	Kur	□ □ □
cūrāre, cūrō, cūrāvī, cūrātum *m. Akk.*	*sorgen für, sich kümmern um, pflegen*	kurieren	□ □ □
officium, officiī *n.*	*Pflicht, Aufgabe, Dienst*	Offizier, offiziell, engl./frz. office	□ □ □
officium praestāre	*die Pflicht erfüllen*		
ūsus, ūsūs *m.*	*Gebrauch, Nutzen*	Usus	□ □ □
ūsuī esse	*von Nutzen (nützlich) sein*		
ūtī, ūtor, ūsus sum *m. Abl.*	*benutzen, gebrauchen*	User, engl. tu use	□ □ □
victoriā ūtī	*den Sieg nutzen*		
ūtilis, ūtilis, ūtile (*Gen.*: ūtilis)	*nützlich*	Utensilien, engl. useful	□ □ □
committere, committō, commīsī, commissum ↗VF	*zustandebringen, begehen, beginnen, anvertrauen, übergeben*	Kommission, Kommissar, engl. to commit	□ □ □
posse, possum, potuī ↗VF	*können, vermögen*	engl. possible, possibility	□ □ □
interesse, intersum, interfuī *m. Dat.* ↗VF	*dabei sein, teilnehmen*	Interesse	□ □ □
lūdīs interesse	*an den Spielen teilnehmen*		□ □ □
tangere, tangō, tetigī, tāctum	*berühren*	Tango, Tangente, Takt	□ □ □
attingere, attingō, attigī, attāctum	*berühren, erreichen, angreifen*		□ □ □
tenēre, teneō, tenuī, tentum ↗VF	*halten, festhalten*	frz. tenir	□ □ □
obtinēre, obtineō, obtinuī, obtentum ↗VF	*festhalten, behaupten*	frz. obtenir	□ □ □
ostendere, ostendō, ostendī, ostentum	*zeigen, darlegen*	ostentativ	□ □ □

solvere, solvō, solvī, solūtum	*lösen, befreien, bezahlen*	solvent - insolvent, engl. to solve, solution
servāre, servō, servāvī, servātum	*retten, bewahren*	Konserve, konservativ
aperīre, aperiō, aperuī, apertum	*öffnen, aufdecken*	Aperitif
claudere, claudō, clausī, clausum	*schließen*	Klausur, engl. to close
tegere, tegō, tēxī, tēctum	*bedecken, schützen*	
premere, premō, pressī, pressum	*drücken, bedrängen*	pressen, Presse, engl. pressure
perturbāre, perturbō, perturbāvī, perturbātum	*beunruhigen, aufregen, verwirren*	
sollicitāre, sollicitō, sollicitāvī, sollicitātum	*beunruhigen, aufwiegeln, erregen*	
dēbēre, dēbeō, dēbuī, dēbitum ↗VF	*schulden, müssen*	engl. debt, frz. devoir
solēre, soleō, solitus sum (Semi-Deponens)	*pflegen, gewohnt sein*	
incipere, incipiō, coepī, inceptum (coeptum) ↗VF	*anfangen, beginnen*	
inīre, ineō, iniī, inītum ↗VF	*hineingehen, beginnen*	
consilium inīre	*einen Entschluss fassen*	
surgere, surgō, surrēxī, surrēctus	*aufstehen, sich erheben, anfangen*	
audēre, audeō, ausus sum (Semi-Deponens)	*wagen*	
dēsinere, dēsinō, dēsiī, dēsitum	*ablassen, aufhören*	
āmittere, āmittō, āmīsī, āmissum ↗VF	*verlieren, aufgeben, fortschicken*	
dēmittere, dēmittō, dēmīsī, dēmissum ↗VF	*hinablassen, senken*	
omittere, omittō, ommīsī, omissum ↗VF	*übergehen, aufgeben, unterlassen*	frz. omettre
facilis, facilis, facile (*Gen.*: facilis)	*leicht (zu tun), freundlich*	frz. facile
difficilis, difficilis, difficile (*Gen.*: difficilis)	*schwierig*	diffizil, engl. difficult, frz. difficile
dīligēns, dīligēns, dīligēns (*Gen.*: diligentis)	*sorgfältig, gewissenhaft*	engl. diligent
iactāre, iactō, iactāvī, iactātum	*werfen, vorbringen*	

īnstituere, īnstituō, īnstituī, īnstitūtum	*einrichten, unterrichten, anordnen*	Institut	☐ ☐ ☐
vītāre, vītō, vītāvī, vītātum	*meiden, vermeiden, ausweichen*		☐ ☐ ☐
temperāre, temperō, temperāvī, temperatum	*m. Akk.: lenken, leiten* *m. ā/ab + Abl.: sich enthalten* *m. Dat.: schonen, maßvoll gebrauchen*	temperieren	☐ ☐ ☐
orbem temperāre	*den Erdkreis lenken*		
ab iniūriā temperāre	*sich des Unrechts enthalten*		
superātīs hostibus temperāre	*die besiegten Feinde verschonen*		
vertere, vertō, vertī, versum ↗VF	*drehen, wenden, vernichten*	Version	☐ ☐ ☐
convertere, convertō, convertī, conversum ↗VF	*umwenden, verwandeln*	konvertieren	☐ ☐ ☐
mūtare, mūtō, mūtāvī, mūtātum	*(ver)ändern, vertauschen*	Mutation, mutieren	☐ ☐ ☐
tempora mūtantur	*die Zeiten ändern sich*		
flectere, flectō, flexī, flexum	*biegen, beugen, wenden*	flexibel	☐ ☐ ☐
tendere, tendō, tetendī, tentum	*spannen, (aus)strecken, sich bemühen*	tendieren, Tendenz, engl. tension, tent, frz. tendre, tension	☐ ☐ ☐

Arbeit und Bemühung

labor, labōris *m.*	*Arbeit, Mühe, Anstrengung*	Labor, Laborant, engl. labour	☐ ☐ ☐
labōrāre, labōrō, labōrāvī, labōrātum	*arbeiten, leiden*	laborieren	☐ ☐ ☐
Rēs pūblica avaritiā cīvium laborat.	*Der Staat leidet an der Habsucht seiner Bürger.*		
studium, studiī *n.*	*Eifer, Bemühung, Engagement*	Studium	☐ ☐ ☐
opera, operae *f.*	*Mühe, Arbeit*		☐ ☐ ☐
operam dare *m. Dat.*	*sich Mühe geben*		
operam dare litterīs	*sich um Wissenschaft bemühen*		
opus, operis *n.*	*Werk, Arbeit*		☐ ☐ ☐
opus est *m. Abl.*	*es ist nötig, man braucht*		
Mihi auxiliō opus est.	*Ich brauche Hilfe.*		
nēgotium, nēgotiī *n.*	*Beschäftigung, Aufgabe*		☐ ☐ ☐
vīs (*Akk.*: vim, *Abl.*: vī) *f.*	*Gewalt, Kraft, Menge*		☐ ☐ ☐
vīs aurī	*eine Menge Gold*		
vī capere	*gewaltsam erobern*		

☐ ☐ ☐ **vīrēs**, vīrium *f.*	*Macht, Mittel, Streitkräfte*	
☐ ☐ ☐ **certāre**, certō, certāvī, certātum	*streiten, kämpfen*	
☐ ☐ ☐ **exercēre**, exerceō, exercuī	*üben, quälen, trainieren*	exerzieren, engl. to exercise
☐ ☐ ☐ **superāre**, superō, superāvī, superātum	*besiegen, überwinden*	
☐ ☐ ☐ **occupātus**, -a, -um	*beschäftigt*	engl. occupy, frz. occupé
☐ ☐ ☐ **gerere**, gerō, gessī, gestum	*tragen, führen, ausführen*	Gestik
sē fortiter gerere	*sich als tapfer erweisen*	
rēs gestae	*Taten*	
bellum gerere	*Krieg führen*	
rem bene gerere	*Erfolg haben*	
☐ ☐ ☐ **parāre**, parō, parāvī, parātum	*vorbereiten, erwerben, vorhaben*	reparieren
☐ ☐ ☐ **perferre**, perferō, pertulī, perlātum ↗VF	*überbringen, ertragen*	
☐ ☐ ☐ **cōnārī**, cōnor, cōnātus sum	*versuchen, unternehmen, wagen*	
☐ ☐ ☐ **subīre**, subeō, subiī, subītum ↗VF	*unternehmen, auf sich nehmen*	
perīculum subīre	*eine Gefahr auf sich nehmen*	
☐ ☐ ☐ **suscipere**, suscipiō, suscēpī, susceptum ↗VF	*auf sich nehmen, übernehmen*	
☐ ☐ ☐ **sustinēre**, sustineō, sustinuī ↗VF	*aushalten, ertragen*	engl. to sustain
☐ ☐ ☐ **cōnficere**, cōnficiō, cōnfēcī, cōnfectum ↗VF	*vollenden, fertig machen*	Konfektion, Konfekt
☐ ☐ ☐ **perficere**, perficiō, perfēcī, perfectum ↗VF	*vollenden, durchsetzen*	perfekt, Perfekt
☐ ☐ ☐ **exigere**, exigō, exēgī, exāctum ↗VF	*vollenden, (ein)fordern*	exakt, frz. exiger
☐ ☐ ☐ **impetrāre**, impetrō, impetrāvī, impetrātum	*durchsetzen, erreichen*	
☐ ☐ ☐ **creāre**, creō, creāvī, creātum	*hervorbringen, (er)schaffen, wählen*	Kreatur, kreativ, Kreation, kreieren, engl. create, frz. créer
☐ ☐ ☐ **fingere**, fingō, fīnxī, fictum	*bilden, formen, erdichten*	Fiktion, fiktiv, Science Fiction
☐ ☐ ☐ **aedificāre**, aedificō, aedificāvī, aedificātum	*erbauen, errichten*	frz. édifier
☐ ☐ ☐ **restituere**, restituō, restituī, restitūtum	*wiederherstellen*	

Veranlassen, Zulassen, Verhindern

movēre, moveō, mōvī, mōtum	*bewegen, veranlassen*	Motor, Motiv, mobil, engl. to move, movie, frz. mouvoir	☐ ☐ ☐
commovēre, commoveō, commōvī, commōtum	*bewegen, beunruhigen, veranlassen*		☐ ☐ ☐
irā commōtus	*aus Zorn*		
permovēre, permoveō, permōvī, permōtum	*bewegen, veranlassen, beunruhigen*		☐ ☐ ☐
mōlīrī, mōlior, mōlītus sum	*in Bewegung setzen, unternehmen, schaffen, beabsichtigen*		☐ ☐ ☐
impellere, impellō, impulī, impulsum	*antreiben, veranlassen*	Impuls, impulsiv	☐ ☐ ☐
excitāre, excitō, excitāvī, excitātum	*ermuntern, antreiben, erregen*	engl. exciting, frz. exciter	☐ ☐ ☐
addūcere, addūcō, addūxī, adductum ↗VF	*hinführen, veranlassen*		☐ ☐ ☐
indūcere, indūcō, indūxī, inductum ↗VF	*(hin)einführen, verführen, verleiten*	Induktion	☐ ☐ ☐
statuere, statuō, statuī, statūtum	*aufstellen, festsetzen, beschließen*	Statut	☐ ☐ ☐
cōnstituere, cōnstituō, cōnstituī, cōnstitūtum	*festsetzen, beschließen*	Konstitution	☐ ☐ ☐
īnstituere, īnstituō, īnstituī, īnstitūtum	*einrichten, unterrichten, beginnen*	Institut	☐ ☐ ☐
placēre, placeō, placuī, placitum	*gefallen*	Plazet	☐ ☐ ☐
senātuī placuit	*der Senat beschloss*		
dēcrētum, dēcrētī *n.*	*Entscheidung, Beschluss*	Dekret,	☐ ☐ ☐
dēcernere, dēcernō, dēcrēvī, decrētum	*entscheiden, beschließen*	Dekret	☐ ☐ ☐
temptāre, temptō, temptāvi, temptātum	*versuchen, angreifen*		☐ ☐ ☐
necesse est	*es ist nötig*	engl. necessary, necessity, frz. nécessaire	☐ ☐ ☐
oportet, oportuit	*es gehört sich, man muss*		☐ ☐ ☐
licentia, licentiae *f.*	*Erlaubnis, Freiheit, Willkür, Frechheit*	Lizenz, engl. licence	☐ ☐ ☐
licet, licuit	*es ist erlaubt, man darf*		☐ ☐ ☐
sinere, sinō, sīvī, situm	*lassen, zulassen*		☐ ☐ ☐

☐ ☐ ☐	**concēdere**, concēdō, concessī, concessum ↗VF	*erlauben, zugestehen, nachgeben*	Konzession
☐ ☐ ☐	**admittere**, admittō, admīsī, admissum ↗VF	*zulassen*	engl. to admit, admission , frz. admettre
☐ ☐ ☐	**permittere**, permittō, permīsī, permissum ↗VF	*erlauben, überlassen*	engl. to permit, permission, frz. permettre,
☐ ☐ ☐	**impedīre**, impediō, impedīvī, impeditum	*(ver)hindern*	
	impedīre, nē	*verhindern, dass*	
☐ ☐ ☐	**obstāre**, obstō, obstitī ↗VF	*im Weg stehen, hindern*	engl. obstacle
☐ ☐ ☐	**retinēre**, retineō, retinuī, retentum ↗VF	*zurückhalten*	engl. to retain, frz. retenir
☐ ☐ ☐	**prohibēre**, prohibeō, prohibuī, prohibitum ↗VF	*abhalten, (ver)hindern*	Prohibition, engl. to prohibit
☐ ☐ ☐	**āvertere**, āvertō, āvertī, āversum	*abwenden, vertreiben, fernhalten*	Aversion
☐ ☐ ☐	**vetāre**, vetō, vetuī, vetitum *m. Akk.*	*verbieten, verhindern*	Veto(recht)
	tē vetō	*ich verbiete Dir*	

Geben und Nehmen

☐ ☐ ☐	**dare**, dō, dedī, datum ↗VF	*geben*	Dativ, Datum
☐ ☐ ☐	**dōnum**, dōnī *n.*	*Geschenk, Gabe*	engl. donation,
☐ ☐ ☐	**dōnāre**, dōnō, dōnāvī, dōnātum	*geben, schenken*	engl. donate, frz. donner
☐ ☐ ☐	**reddere**, reddō, reddidī, redditum ↗VF	*zurückgeben, zu etwas machen*	
	mare tūtum reddere	*das Meer sicher machen*	
☐ ☐ ☐	**dēdere**, dēdō, dēdidī, dēditum ↗VF	*ausliefern, übergeben*	
☐ ☐ ☐	**ēdere**, ēdō, ēdidī, ēditum ↗VF	*herausgeben, äußern*	Edition, engl. to edit
☐ ☐ ☐	**mandāre**, mandō, mandāvī, mandātum	*übergeben, beauftragen, anvertrauen*	Mandat, Mandant
☐ ☐ ☐	**committere**, committō, commīsī, commissum ↗VF	*anvertrauen, übergeben, zustandebringen, begehen, beginnen*	Kommission, Kommissar, engl. to commit
☐ ☐ ☐	**tribuere**, tribuō, tribuī, tribūtum	*zuteilen, erweisen, schenken*	Tribut
☐ ☐ ☐	**afficere**, afficiō, affēcī, affectum ↗VF	*versehen mit*	

iniūriā afficere	*Unrecht zufügen*		
beneficium, beneficiī *n.*	*Wohltat*	Benefizspiel, Benefizkonzert	☐ ☐ ☐
praemium, praemiī *n.*	*Belohnung, Auszeichnung*	Prämie, prämieren	☐ ☐ ☐
praebēre, praebeō, praebuī, praebitum ↗VF	*darreichen, geben, gewähren*		☐ ☐ ☐
sē fortem praebere	*sich als tapfer erweisen*		
capere, capiō, cēpī, captum ↗VF	*fassen, nehmen, fangen, erobern*	kapieren, kapern	☐ ☐ ☐
accipere, accipiō, accēpī, acceptum ↗VF	*annehmen, empfangen, aufnehmen, vernehmen*	akzeptieren, engl. to accept, frz. accepter	☐ ☐ ☐
excipere, excipiō, excēpī, exceptum ↗VF	*eine Ausnahme machen, aufnehmen, wahrnehmen*	engl. except	☐ ☐ ☐
recipere, recipiō, recēpī, receptum ↗VF	*zurücknehmen, aufnehmen*	Rezept, Rezeption	☐ ☐ ☐
sē recipere	*sich zurückziehen, zurückkehren*		
comparāre, comparō, comparāvī, comparātum	*erwerben, vergleichen*	Komparativ, engl. to compare	☐ ☐ ☐
emere, emō, ēmī, ēmptum ↗VF	*kaufen*		☐ ☐ ☐
adimere, adimō, adēmī, adēmptum ↗VF	*wegnehmen, rauben*		☐ ☐ ☐
sūmere, sūmō, sūmpsī, sūmptum ↗VF	*nehmen*		☐ ☐ ☐
cōnsūmere, cōnsūmō, cōnsūmpsī, cōnsūmptum ↗VF	*verbrauchen*	Konsum, konsumieren	☐ ☐ ☐
rapere, rapiō, rapuī, raptum	*rauben*		☐ ☐ ☐
ēripere, ēripiō, ēripuī, ēreptum	*entreißen, befreien*		☐ ☐ ☐
impōnere, impōnō, imposuī, impositum ↗VF	*hineinlegen, einsetzen, auferlegen, aufbürden*	imponieren, frz. imposer	☐ ☐ ☐
ōrnāre, ōrnō, ōrnāvī, ōrnātum	*ausstatten, ausrüsten, schmücken*	Ornament, Ornat	☐ ☐ ☐
adhibēre, adhibeō, adhibuī, adhibitum ↗VF	*anwenden, hinzuziehen*		☐ ☐ ☐

Kommen

venīre, veniō, vēnī, ventum ↗VF	*kommen*	frz. venir,	☐ ☐ ☐
adventus, adventūs *m.*	*Ankunft*	Advent	☐ ☐ ☐
advenīre, adveniō, advēnī, adventum ↗VF	*ankommen*		☐ ☐ ☐

☐☐☐ **convenīre**, conveniō, convēnī, conventum ↗VF	*zusammenkommen, zusammenpassen, besuchen*	Konvent, Konvention
☐☐☐ **pervenīre**, perveniō, pervēni, perventum ↗VF	*(hin)kommen, (ans Ziel) gelangen*	
☐☐☐ **aditus**, aditūs *m.*	*Zugang*	
☐☐☐ **adīre**, adeō, adiī, aditum ↗VF	*angehen, aufsuchen, bitten*	
perīculum adire	*eine Gefahr auf sich nehmen*	
☐☐☐ **inīre**, ineō, iniī, initum ↗VF	*hineingehen, beginnen*	
ab ineunte aetāte	*von früher Jugend an*	
☐☐☐ **redīre**, redeō, rediī, reditūrus ↗VF	*zurückkehren*	
☐☐☐ **revertī**, revertor, revertī, (reversus) (Semi-Deponens)	*zurückkehren*	
☐☐☐ **trānsīre**, trānseō, trānsiī, trānsitum ↗VF	*hinübergehen, überschreiten, durchqueren*	Transit
☐☐☐ **accēdere**, accēdō, accessī, accessum ↗VF	*herantreten, hinzukommen*	
accedit, ut	*es kommt hinzu, dass*	
☐☐☐ **succēdere**, succēdō, successī, successum ↗VF	*nachfolgen, herangehen, vorankommen*	sukzessive, engl. to succeed, frz. succéder
☐☐☐ **intrāre**, intrō, intrāvī, intrātum	*eintreten, betreten*	Intro, engl. to enter, frz. entrer
☐☐☐ **domum**	*nach Hause*	

Verlassen

☐☐☐ **abīre**, abeō, abiī, abitūrus ↗VF	*weggehen*	Abitur
☐☐☐ **exitus**, exitūs *m.*	*Ausgang, Ausweg, Tod*	Exitus, engl. exit
☐☐☐ **exīre**, exeō, exiī, exitūrus ↗VF	*herausgehen*	engl. exit
☐☐☐ **relinquere**, relinquō, relīquī, relictum	*zurücklassen, verlassen, hinterlassen*	Relikt
☐☐☐ **dēserere**, dēserō, dēseruī, desertum	*im Stich lassen, verlassen*	Deserteur, engl. desert
☐☐☐ **cēdere**, cēdō, cessī, cessum ↗VF	*gehen, weichen, nachgeben*	
☐☐☐ **discēdere**, discēdō, discessi, discessum ↗VF	*auseinandergehen, weggehen*	
☐☐☐ **ēgredī**, ēgredior, ēgressus sum	*herausgehen, verlassen*	
☐☐☐ **proficīscī**, proficīscor, profectus sum	*aufbrechen, reisen, marschieren*	
Romā proficīscī	*von (aus) Rom aufbrechen*	

dēcēdere, dēcēdō, dēcessī, dēcessum ↗VF	*weggehen, sterben*		☐ ☐ ☐
dēficere, dēficiō, dēfēcī, dēfectum ↗VF	*fehlen, ausgehen, abfallen (von)*	Defekt	☐ ☐ ☐

(Sich) fortbewegen

īre, eō, iī, itūrus ↗VF	*gehen*		☐ ☐ ☐
praeterīre, praetereō, praeteriī, praeteritum ↗VF	*vorbeigehen, übergehen*	Präteritum	☐ ☐ ☐
iter, itineris *n.*	*Weg, Reise, Marsch*		☐ ☐ ☐
iter facere	*reisen, marschieren*		
cursus, cursūs *m.*	*Lauf, Kurs, Richtung, Laufbahn*	Kurs, engl. course, cursus honorum = die römische Ämterlaufbahn	☐ ☐ ☐
currere, currō, cucurrī, cursum	*eilen, laufen*	Kurier, frz. courir	☐ ☐ ☐
occurrere, occurrō, occurrī, occursum	*entgegeneilen, begegnen, entgegentreten, sich zeigen*		☐ ☐ ☐
prōcēdere, prōcēdō, prōcessī, prōcessum ↗VF	*weitergehen, vorrücken, vorankommen*	Prozess, Prozession, engl. to proceed	☐ ☐ ☐
prōgredī, prōgredior, prōgressus sum	*vorrücken, fortschreiten*	progressiv, Progression, engl. to progress	☐ ☐ ☐
properāre, properō, properāvī	*eilen, sich beeilen, eifrig betreiben*		☐ ☐ ☐
celeritās, celeritātis *f.*	*Schnelligkeit*		☐ ☐ ☐
celer, celeris, celere (*Gen.*: celeris)	*schnell*		☐ ☐ ☐
comes, comitis *m.*	*Begleiter, Gefährte*		☐ ☐ ☐
dux, ducis *m./f.*	*Anführer, Führer(in)*	Doge, engl. duke	☐ ☐ ☐
dūcere, dūcō, dūxī, ductum ↗VF	*führen, ziehen, glauben, meinen, halten für*		☐ ☐ ☐
aliquem hostem ducere	*jemanden für einen Feind halten*		
abdūcere, abdūcō, abdūxī, abductum	*wegführen*		☐ ☐ ☐
dēdūcere, dēdūcō, dēdūxī, dēductum ↗VF	*wegführen, hinführen, hinbringen*		☐ ☐ ☐
ēdūcere, ēdūcō, ēdūxī, ēductum ↗VF	*herausführen*		☐ ☐ ☐
prōdūcere, prōdūcō, prōdūxī, prōductum ↗VF	*(vor)führen, hervorbringen*	produzieren, Produkt, engl. to produce, frz. produire	☐ ☐ ☐
redūcere, redūcō, redūxī, reductum ↗VF	*zurückführen*	Reduktion, reduzieren, engl. to reduce	☐ ☐ ☐

☐ ☐ ☐ **trādūcere**, trādūcō, trādūxī, trāductum ↗VF	*hinüberführen, hinüberbringen*	frz. traduire
☐ ☐ ☐ **mittere**, mittō, mīsī, missum ↗VF	*schicken, werfen, gehen lassen*	Mission, Missionar, engl. mission, frz. mettre
☐ ☐ ☐ **dīmittere**, dīmittō, dīmīsī, dīmissum ↗VF	*wegschicken, entlassen*	
☐ ☐ ☐ **contendere**, contendō, contendī, contentum	*eilen, sich anstrengen, kämpfen, behaupten*	
☐ ☐ ☐ **sequī**, sequor, secūtus sum *m. Akk.*	*folgen, befolgen*	Sequenz
tē sequor	*ich folge dir*	
☐ ☐ ☐ **dēscendere**, dēscendō, dēscendī, dēscēnsum	*herabsteigen*	engl. to descend, frz. déscendre
☐ ☐ ☐ **navis**, navis *f.*	*Schiff*	engl. navy
☐ ☐ ☐ **nāvigāre**, nāvigō, nāvigāvī, nāvigātum	*segeln, mit dem Schiff fahren*	Navigation
☐ ☐ ☐ **nauta**, nautae *m*	*Seemann*	Nautik
☐ ☐ ☐ **currus**, currūs *m.*	*Wagen, Streitwagen*	
☐ ☐ ☐ **volvere**, volvō, volvī, volūtum	*wälzen, rollen*	Volvo

Holen, Bringen, Ordnen

☐ ☐ ☐ **ferre**, ferō, tulī, lātum ↗VF	*tragen, bringen, ertragen, berichten*	
☐ ☐ ☐ **afferre**, afferō, attulī, allātum ↗VF	*herbeitragen, beibringen, melden*	
☐ ☐ ☐ **auferre**, auferō, abstulī, ablātum ↗VF	*wegtragen, rauben*	
☐ ☐ ☐ **cōnferre**, cōnferō, contulī, collātum ↗VF	*zusammentragen, vergleichen*	Konferenz
☐ ☐ ☐ **efferre**, efferō, extulī, ēlātum ↗VF	*hinaustragen, herausheben*	
☐ ☐ ☐ **inferre**, inferō, intulī, illātum ↗VF	*hineintragen, zufügen*	
bellum inferre *m. Dat.*	*angreifen*	
iniūriam inferre	*Unrecht zufügen*	
☐ ☐ ☐ **portāre**, portō, portāvī, portātum	*tragen*	Porto, Import, Export, frz. porter
☐ ☐ ☐ **addere**, addō, addidī, additum ↗VF	*hinzufügen*	addieren, Addition, engl. to add

adicere, adiciō, adiēcī, adiectum	*hinzufügen*	Adjektiv	☐ ☐ ☐
colligere, colligō, collēgī, collēctum ↗VF	*sammeln, erwerben*	Kollekte, Kollektion	☐ ☐ ☐
iungere, iungō, iūnxī, iūnctum	*verbinden*	Junktur	☐ ☐ ☐
coniungere, coniungō, coniūnxī, coniūnctum	*verbinden, vereinigen*	Konjunktion, Konjunktiv	☐ ☐ ☐
arcessere, arcessō, arcessīvī, arcessītum,	*herbeiholen, herbeirufen*		☐ ☐ ☐
condūcere, condūcō, condūxī, conductum	*zusammenführen, anwerben, mieten*		☐ ☐ ☐
pōnere, pōnō, posuī, positum ↗VF	*setzen, stellen, legen*	Position, frz. poser	☐ ☐ ☐
compōnere, compōnō, composuī, compositum ↗VF	*zusammenstellen, verfassen, ordnen, vergleichen*	Komposition, komponieren, Kompost	☐ ☐ ☐
dēpōnere, dēpōnō, dēposuī, dēpositum ↗VF	*ablegen, niederlegen*	Deponie, Depot, engl. to deposit	☐ ☐ ☐
dispōnere, dispōnō, disposuī, dispositum ↗VF	*verteilen, ordnen*	disponieren	☐ ☐ ☐
complēre, compleō, complēvī, complētum	*anfüllen, erfüllen*	komplett, engl. to complete, frz. compléter	☐ ☐ ☐
trahere, trahō, trāxī, tractum	*ziehen, schleppen*	Traktor	☐ ☐ ☐
abdere, abdō, abdidī, abditum ↗VF	*verbergen*		☐ ☐ ☐
tollere, tollō, sustulī, sublātum ↗VF	*aufheben, beseitigen*		☐ ☐ ☐

IV. Der Mensch in der Gesellschaft

Haus und Familie

☐ ☐ ☐ **familia**, familiae *f.*	*Familie, Hausgemeinschaft*	engl. family, frz. famille
☐ ☐ ☐ **familiaris**, familiaris, familiare (*Gen.*: familiaris)	*vertraut, freundschaftlich* (Substantiv: *Vertrauter, Freund*)	familiär, engl. familiar
☐ ☐ ☐ **dominus**, dominī *m.*	*Herr, Herrscher*	dominant
☐ ☐ ☐ **domina**, dominae *f.*	*Herrin*	
☐ ☐ ☐ **gēns**, gentis *f.*	*Geschlecht, Sippe, Stamm, Volk*	frz. les gens
☐ ☐ ☐ **māiōrēs**, māiōrum *m.*	*Vorfahren, Ahnen*	
mōs māiōrum	*Sitte der Vorfahren*	
☐ ☐ ☐ **parere**, pariō, peperī, partum	*hervorbringen, erzeugen, schaffen*	
☐ ☐ ☐ **parentēs**, parent(i)um *m.*	*Eltern*	engl. parents, frz. les parents
☐ ☐ ☐ **māter**, mātris *f.*	*Mutter*	engl. mother, frz. mère
☐ ☐ ☐ **pater**, patris *m.*	*Vater, im Plural auch: Senatoren*	Patriarchat, frz. père
☐ ☐ ☐ **uxor**, uxōris *f.*	*Ehefrau, Gattin*	
☐ ☐ ☐ **coniū(n)x**, coniugis *f./m.*	*Gattin, Gatte*	
☐ ☐ ☐ **marītus**, marītī *m.*	*Ehemann*	frz. mari
☐ ☐ ☐ **līberī**, līberōrum *m.*	*Kinder*	
☐ ☐ ☐ **filia**, filiae *f.*	*Tochter*	Filiale, frz. fille
☐ ☐ ☐ **filius**, filiī *m.*	*Sohn*	frz. fils
☐ ☐ ☐ **frāter**, frātris *m.*	*Bruder*	frz. frère
☐ ☐ ☐ **soror**, sorōris *f.*	*Schwester*	frz. sœur
☐ ☐ ☐ **propinquus**, -a, -um	*benachbart, verwandt, Substantiv: Nachbar, Verwandter*	
☐ ☐ ☐ **habitāre**, habitō, habitāvī, habitātum	*wohnen*	engl. inhabitant, frz. habiter
☐ ☐ ☐ **servus**, servī *m.*	*Sklave*	servil, „Servus"
☐ ☐ ☐ **serva**, servae *f.*	*Sklavin*	
☐ ☐ ☐ **servitūs**, servitūtis *f.*	*Sklaverei, Knechtschaft*	
☐ ☐ ☐ **servīre**, serviō, servīvī, servītum	*dienen*	servieren, Service, engl. to serve, service, frz. service
☐ ☐ ☐ **lībertās**, lībertātis *f.*	*Freiheit*	engl. liberty, frz. liberté
☐ ☐ ☐ **līberāre**, līberō, liberāvī, līberātum	*befreien*	
☐ ☐ ☐ **lībertus**, lībertī *m.*	*Freigelassener*	
☐ ☐ ☐ **līber**, lībera, līberum	*frei*	liberal, Libero, frz. libre
☐ ☐ ☐ **hospes**, hospitis *m.*	*Gast, Fremder*	Hospital, Hospiz, engl. hospital, frz. hôpital
☐ ☐ ☐ **cēna**, cēnae *f.*	*Mahlzeit, Essen*	

cēnāre, cēnō, cēnāvī	*speisen, essen*		□ □ □
convīvium, convīviī *n.*	*Gastmahl, Festessen, Gelage*		□ □ □
ōtium, ōtiī *n.*	*Ruhe, freie Zeit, Frieden*		□ □ □
lūdus, lūdī *m.*	*Spiel, Schule*		□ □ □
lūdere, lūdō, lūsī, lūsum	*spielen, verspotten*		□ □ □
toga, togae *f.*	*Toga*		□ □ □
tunica, tunicae *f.*	*Tunika* (Unterkleid unter der Toga)		□ □ □
vestis, vestis *f.*	*Kleid, Kleidungsstück*	Weste, frz. vêtement	□ □ □

Öffentliches Leben

patria, patriae *f.*	*Heimat, Vaterland*	Patriot, frz. patrie	□ □ □
publicus, -a, -um	*öffentlich*	Publikum, engl. public, frz. public	□ □ □
rēs publica	*Staat*	Republik	□ □ □
populus, populī *m.*	*Volk*	Population, populär, Popmusik	□ □ □
plēbs, plēbis *f.*	*Volk, Plebs*		□ □ □
vulgus, vulgī *n.*	*Volk, Menge*	vulgär	□ □ □
commūnis, commūnis, commūne (*Gen.*: commūnis)	*gemeinsam, allgemein*	kommunal, Kommunismus, Kommune	□ □ □
societās, societātis *f.*	*Gemeinschaft, Gesellschaft, Bündnis*	Sozietät, engl. society, frz. société	□ □ □
mōs, mōris *m.*	*Sitte, Brauch*	Moral	□ □ □
mōrēs, mōrum	*Sitten, Charakter*	frz. moeurs	□ □ □
mōrēs maiōrum	*die Sitten der Vorfahren*		
ōrdō, ōrdinis *m.*	*Stand, Reihe, Ordnung*	Ordinalzahlen	□ □ □
omnium ōrdinum hominēs	*Menschen aller Stände*		
genus, generis *n.*	*Art, Gattung, Abstammung, Geschlecht*		□ □ □
nōbilitās, nōbilitātis *f.*	*Berühmtheit, Adel, vornehmer Rang*		□ □ □
nōbilis, nōbilis, nōbile (*Gen.*: nōbilis)	*vornehm, adelig*	nobel	□ □ □
nōbilī genere nātus	*von vornehmer Herkunft*		
patrōnus, patrōnī *m.*	*Patron, Schutzherr*		□ □ □
cliēns, clientis *m.*	*Klient, Gefolgsmann*	Klient, Klientel	□ □ □

Lebensumstände

esse, sum, fuī ↗VF	*sein*	frz. être	□ □ □
adesse, adsum, adfuī (affuī) ↗VF	*da sein, helfen*		□ □ □

	tibi adsum	*ich helfe dir*	
☐ ☐ ☐	**abesse**, absum, afuī ↗VF	*abwesend sein, entfernt sein*	Absenz
☐ ☐ ☐	**dēesse**, dēsum, dēfuī ↗VF	*fehlen, mangeln*	
☐ ☐ ☐	**orīrī**, orior, ortus sum	*entstehen, abstammen, sich erheben, aufgehen*	Orient, engl. origin
	nōbilī genere ortus	*aus vornehmer Familie (stammend)*	
	nōbilī genere nātus	*aus vornehmer Familie (stammend)*	
☐ ☐ ☐	**ops**, opis *f.*	*Kraft, Hilfe, Beistand*	
☐ ☐ ☐	**opes**, opum *f.*	*Macht, Besitz, Vermögen*	
☐ ☐ ☐	**vīrēs**, vīrium *f.*	*Macht, Kräfte, Mittel, Möglichkeiten*	
☐ ☐ ☐	**rēs**, reī *f.*	*Sache, Angelegenheit, Ding*	
	rēs familiāris	*Vermögen*	
	rēs secundae	*Glück*	
	rēs adversae	*Unglück*	
☐ ☐ ☐	**pecūnia**, pecūniae *f.*	*Geld, Vermögen*	
☐ ☐ ☐	**argentum**, argentī *n.*	*Silber*	Argentinien, frz. argent
☐ ☐ ☐	**aurum**, aurī *n.*	*Gold*	frz. or
☐ ☐ ☐	**aureus**, -a, -um	*golden*	
☐ ☐ ☐	**dīvitiae**, dīvitiārum *f.*	*Reichtum*	
☐ ☐ ☐	**dīves**, dīves, dīves (*Gen.*: dīvitis)	*reich*	
☐ ☐ ☐	**possidēre**, possideō, possēdī, possessum	*besitzen*	Possessivpronomen
☐ ☐ ☐	**habēre**, habeō, habuī, habitum ↗VF	*haben, halten*	engl. to have, frz. avoir
☐ ☐ ☐	**cōnstāre**, cōnstō, cōnstitī, cōnstātūrus ↗VF	*feststehen, bestehen aus*	
☐ ☐ ☐	**pauper**, pauper, pauper (*Gen.*: pauperis)	*arm*	engl. poor, frz. pauvre
☐ ☐ ☐	**necessārius**, -a, -um	*notwendig*	engl. necessary, frz. nécessaire
☐ ☐ ☐	**vacuus**, -a, -um	*leer, frei, ohne (etwas)*	Vakuum
☐ ☐ ☐	**carēre**, careō, caruī *m. Abl.*	*entbehren, nicht haben, frei sein von*	
	forō carēre	*dem Forum fernbleiben*	
☐ ☐ ☐	**calamitās**, calamitātis *f.*	*Schaden, Unglück, Niederlage*	
☐ ☐ ☐	**commodum**, commodī *n.*	*Vorteil, Nutzen, Bequemlichkeit*	Kommode
☐ ☐ ☐	**commodus**, -a, -um	*angemessen, geeignet, günstig*	
☐ ☐ ☐	**condicio**, condiciōnis *f.*	*Bedingung, Zustand, Vertrag*	Kondizionalsatz, Kondition, engl. condition, frz. condition
☐ ☐ ☐	**cōnsuētūdō**, cōnsuētūdinis *f.*	*Gewohnheit, Sitte, Brauch, Umgang*	

contrōversia, contrōversiae *f.*	*Streit, Meinungsverschiedenheit, Widerspruch*	kontrovers	☐ ☐ ☐
frūctus, frūctūs *m.*	*Nutzen, Ertrag, Frucht*	engl. fruit, frz. fruit	☐ ☐ ☐

Gutes Verhalten

bonum, bonī *n.*	*das Gute, das Gut*		☐ ☐ ☐
bona, bonōrum *n.*	*Hab und Gut, Vermögen*		☐ ☐ ☐
bonus, -a, -um	*gut, tüchtig*	frz. bon/bonne	☐ ☐ ☐
bonō animō esse	*guten Mutes sein, zuversichtlich sein*		
virtūs, virtūtis *f.*	*Tapferkeit, Tüchtigkeit, Tugend* (Plural: *Leistungen*)	virtuos, engl. virtue	☐ ☐ ☐
fidēs, fideī *f.*	*Treue, Zuverlässigkeit, Glaube, Vertrauen*		☐ ☐ ☐
fidem habēre	*Glauben schenken*		
cōnfīdere, cōnfīdō, cōnfīsus sum (Semi-Deponens)	*vertrauen*	engl. confidence, frz. confiance	☐ ☐ ☐
grātia, grātiae *f.*	*Dank, Gunst*		☐ ☐ ☐
grātus, -a, -um	*dankbar, willkommen, beliebt*	engl. grateful	☐ ☐ ☐
honor/honōs, honōris *m.*	*Ehre, Ehrenamt*	Honorar, honorieren, engl. honour, frz. honneur	☐ ☐ ☐
honestus, -a, -um	*ehrenhaft, anständig*	engl. honest, frz. honnête	☐ ☐ ☐
probus, -a, -um	*tüchtig, gut, rechtschaffen*		☐ ☐ ☐
auctōritās, auctōritātis *f.*	*Ansehen, Einfluss*	Autorität	☐ ☐ ☐
dīgnitās, dīgnitātis *f.*	*Würde, Ansehen*	engl. dignity	☐ ☐ ☐
dīgnus, -a, -um *m. Abl.*	*wert, würdig*	frz. digne	☐ ☐ ☐
memoriā dīgnus	*der Erinnerung würdig*		
gravis, gravis, grave (*Gen.*: gravis)	*schwer, wichtig, würdig, ernst*	Gravitation	☐ ☐ ☐
laus, laudis *f.*	*Lob, Ruhm*	Laudatio	☐ ☐ ☐
laudāre, laudō, laudāvī, laudātum	*loben*		☐ ☐ ☐
glōria, glōriae *f.*	*Ruhm*	engl. glory, frz. gloire	☐ ☐ ☐
clārus, -a, -um	*hell, klar, berühmt*	Klara	☐ ☐ ☐
praeclārus, -a, -um	*großartig, sehr bekannt, ausgezeichnet*		☐ ☐ ☐
exemplum, exemplī *n.*	*Beispiel, Vorbild*	Exemplar, exemplarisch, engl. example, frz. exemple	☐ ☐ ☐
merērī, mereor, meritus sum	*sich verdient machen*	Meriten (Verdienste)	☐ ☐ ☐
bene merērī dē rē pūblicā	*sich um den Staat verdient machen*		

□ □ □ **prōdesse**, prōsum, prōfuī ↗VF	*nützen, nützlich sein*	Prost / Prosit!
□ □ □ **decus**, decoris *n.*	*Schmuck, Schönheit, Ehre, Würde*	Dekor, Dekoration
□ □ □ **pudor**, pudōris *m.*	*Scheu, Ehrgefühl, Anstand*	
□ □ □ **audācia**, audāciae *f.*	*Kühnheit, Verwegenheit, Frechheit*	
□ □ □ **audāx**, audāx, audāx (*Gen.*: audācis)	*kühn, verwegen, frech*	
□ □ □ **fortis**, fortis, forte (*Gen.*: fortis)	*tapfer, mutig, stark*	frz. fort

Schlechtes Verhalten

□ □ □ **malum**, malī *n.*	*Übel, Unglück*	frz. mal
□ □ □ **malus**, -a, -um	*schlecht, böse, schlimm*	
□ □ □ **vitium**, vitiī *n.*	*Fehler, Laster*	
□ □ □ **turpis**, turpis, turpe (*Gen.*: turpis)	*schändlich, hässlich*	
□ □ □ **improbus**, -a, -um	*schlecht, unanständig, böse*	
□ □ □ **nefārius**, -a, -um	*ruchlos, gottlos, frevelhaft*	
□ □ □ **avāritia**, avāritiae *f.*	*Habsucht, Geiz*	
□ □ □ **superbia**, superbiae *f.*	*Hochmut, Stolz, Überheblichkeit*	
□ □ □ **superbus**, -a, -um	*stolz, überheblich*	
□ □ □ **contumēlia**, contumēliae *f.*	*Beleidigung, Schande, Misshandlung*	
□ □ □ **licentia**, licentiae *f.*	*Willkür, Frechheit, Erlaubnis, Freiheit*	Lizenz, engl. licence
□ □ □ **fraus**, fraudis *f.*	*Betrug*	engl. fraud, frz. fraude
□ □ □ **dolus**, dolī *m.*	*List, Betrug, Täuschung*	
□ □ □ **nocēre**, noceō, nocuī, nocitum	*schaden*	frz. nuire
□ □ □ **fallere**, fallō, fefellī	*täuschen, betrügen*	
□ □ □ **dēcipere**, dēcipiō, dēcēpī, dēceptum ↗VF	*betrügen, täuschen, entgehen*	engl. to deceive, frz. décevoir
□ □ □ **laedere**, laedō, laesī, laesum	*verletztzen, beschädigen*	lädiert
□ □ □ **crūdēlītās**, crūdēlitātis *f.*	*Grausamkeit*	engl. cruelty
□ □ □ **crūdēlis**, crūdēlis, crūdēle (*Gen.*: crūdēlis)	*grausam*	engl. cruel, frz. cruel
□ □ □ **adversus**, -a, -um	*feindlich, widrig, verhasst*	
□ □ □ **corrumpere**, corrumpō, corrūpī, corruptum	*bestechen, verderben*	Korruption
□ □ □ **indīgnus**, -a, -um *m. Abl.*	*unwürdig, unpassend, schändlich*	
□ □ □ **peccāre**, peccō, peccāvī, peccātum	*einen Fehler machen, sich irren, sündigen*	frz. pécher

Glaube und Götterverehrung

deus, deī *m.*	*Gott*	frz. dieu
dea, deae *f.*	*Göttin*	
dīvīnus, -a, -um	*göttlich*	engl. divine
īnferī, īnferōrum *m.*	*die Götter der Unterwelt*	
superī, superōrum m.	*die himmlischen Götter*	
religiō, religiōnis *f.*	*Glaube, Frömmigkeit, (Götter-) Verehrung*	Religion, engl. religion
ōmen, ōminis *n.*	*Vorzeichen*	ominös, „Nomen est omen."
nūmen, nūminis *n.*	*Gottheit, göttliche Macht, göttlicher Wille*	
cultus, cultūs *m.*	*Verehrung, Pflege, Bildung, Lebensweise*	Kult, Kultur
fās *n.* (nur *Nom.* und *Akk.*)	*(göttliches) Recht, Schicksal*	
nefās *n.* (nur *Nom.* und *Akk.*)	*Unrecht, Frevel*	
fātum, fātī *n.*	*Schicksal, Götterspruch*	fatal, Fatalismus, engl. fate
ōrāculum, ōrāculī *n.*	*Orakel, Orakelstätte, Götterspruch*	
pietās, pietātis *f.*	*Frömmigkeit, Pflichtbewusstsein*	Pietät
pius, -a, -um	*fromm, pflichtbewusst*	
impius, -a, -um	*gottlos, frevelhaft*	
templum, templī *n.*	*Tempel*	
āra, ārae *f.*	*Altar, Zufluchtsort*	„Ara Pacis"
sacrum, sacrī *n.*	*Heiligtum, Opfer*	Sakrament, sakral
sacer, sacra, sacrum	*heilig, geweiht*	
sānctus, -a, -um	*heilig*	Sankt Nikolaus etc.
sacerdōs, sacerdōtis *m./f.*	*Priester, Priesterin*	
precēs, precum *f.*	*Bitten, Gebet*	
precārī, precor, precātus sum	*bitten*	
obsecrāre, obsecrō, obsecrāvī, obsecrātum	*beschwören, anflehen, bitten*	
vōtum, vōtī *n.*	*Gelübde, Gelöbnis, Wunsch, Verlangen*	Votum, engl. vote

Staatliche Ordnung

prīnceps, prīncipis *m.*	*der Erste, Vornehmste, Anführer, Kaiser*	Prinzipat (Bezeichnung für die frühe Kaiserzeit in Rom)
rēx, rēgis *m.*	*König*	frz. roi
rēgius, -a, -um	*königlich*	
regere, regō, rēxī, rēctum	*lenken, leiten, regieren*	Regent

☐☐☐ **rēgnum**, rēgnī *n.*	*(Königs-)Herrschaft, Reich*	
☐☐☐ **rēgnāre**, rēgnō, rēgnāvī, rēgnātum	*König sein, herrschen, regieren*	engl. to reign, frz. régner
☐☐☐ **cīvis**, cīvis *m.*	*Bürger*	
☐☐☐ **cīvitās**, cīvitātis *f.*	*Bürgerschaft, Staat, Bürgerrecht*	
☐☐☐ **cīvīlis**, cīvīlis, cīvīle (*Gen.*: cīvīlis)	*bürgerlich*	zivil, engl. civil
☐☐☐ **cūria**, cūriae *f.*	*Kurie, Rathaus*	Senatsgebäude auf dem Forum Romanum
☐☐☐ **senātus**, senātūs *m.*	*Senat, Senatssitzung*	
☐☐☐ **senātor**, senātōris *m.*	*Senator*	
☐☐☐ **patrēs** (conscriptī)	*Senatoren*	
☐☐☐ **mūnus**, mūneris *n.*	*Amt, Aufgabe, Geschenk*	
☐☐☐ **magistrātus**, magistrātūs *m.*	*Amt, Beamter*	Magistrat
☐☐☐ **cōnsul**, cōnsulis *m.*	*Konsul*	höchster Beamter der Republik (Regierung)
☐☐☐ **consulātus**, consulātūs *m.*	*Konsulat*	
☐☐☐ **cōnsulāris**, cōnsulāris *m.*	*ehemaliger Konsul, Konsular*	
☐☐☐ **praetor**, praetōris *m.*	*Prätor*	zweithöchster Beamter der Republik (Justiz)
☐☐☐ **aedīlis**, aedīlis *m.*	*Ädil*	Polizist, Tempelaufseher
☐☐☐ **quaestor**, quaestōris *m.*	*Quästor*	Finanzbeamter
☐☐☐ **tribūnus**, tribūnī *m.*	*Tribun*	
☐☐☐ **tribūnus** plēbis	*Volkstribun*	
☐☐☐ **rēs novae**	*Umsturz, neue politische Verhältnisse*	
rēbus novīs studēre	*nach Umsturz streben*	
☐☐☐ **homō novus**	*Emporkömmling („neuer Mensch")*	Amtsbewerber ohne adelige Vorfahren (z.B. Cicero)
☐☐☐ **contiō**, contiōnis *f.*	*(Volks-/Heeres-) Versammlung*	
☐☐☐ **comitia**, comitiōrum *n.*	*Volksversammlung, Wahlen*	
☐☐☐ **mōtus**, mōtūs *m.*	*Bewegung, Erregung*	
☐☐☐ **potentia**, potentiae *f.*	*Macht, Kraft*	Potenzial
☐☐☐ **potēns**, potēns, potēns (*Gen.*: potentis)	*mächtig*	potent, omnipotent
☐☐☐ **potestās**, potestātis *f.*	*(Amts-)Gewalt, Macht*	

Verbrechen und Strafe

☐☐☐ **scelus**, sceleris *n.*	*Verbrechen*	
☐☐☐ **scelerātus**, -a, -um	*verbrecherisch, unheilvoll (Subst.: Verbrecher)*	

crīmen, crīminis *n.*	*Vorwurf, Anklage, Verbrechen*	Kriminalist, kriminell, engl. crime, frz. crime
culpa, culpae *f.*	*Schuld*	
facinus, facinoris *n.*	*Tat, Untat, Verbrechen*	
flāgitium, flāgitiī *n.*	*Schande, Schandtat, Verbrechen*	
causa, causae *f.*	*Grund, Ursache, Prozess*	Kausalsatz, kausal, engl. cause, frz. cause
causam agere	*einen Prozess führen*	
causam dicere	*(sich) verteidigen*	
iūs, iūris *n.*	*Recht*	Jura, Jurisdiktion
iūdex, iūdicis *m.*	*Richter*	engl. judge, frz. juge
iūdicāre, iūdicō, iūdicāvī, iūdicātum	*urteilen, richten, glauben, meinen, halten für*	Judikative
iūdicium, iūdiciī *n.*	*Urteil, Gericht, Gerichtsverhandlung, Meinung*	
iniūria, iniūriae *f.*	*Unrecht, Kränkung*	
iūstitia, iūstitiae *f.*	*Gerechtigkeit*	Justiz, engl./frz. justice
iūstus, -a, -um	*gerecht*	frz. juste,
lēx, lēgis *f.*	*Gesetz*	legal, Legislative, frz. loi
reus, reī *m.*	*Angeklagter*	Rechtsgrundsatz: „In dubio pro reo" (im Zweifel für den Angeklagten)
accūsāre, accūsō, accūsāvī, accūsātum	*anklagen*	engl. to accuse, frz. accuser
testis, testis *m./f.*	*Zeuge, Zeugin*	
damnāre, damnō, damnāvī, damnātum	*verurteilen*	engl. to condemn, frz. condamner
capitis damnāre	*zum Tode verurteilen*	
supplicium, suppliciī *n.*	*Strafe, Todesstrafe, demütiges Bitten*	
supplicium sūmere dē aliquō	*jemanden hinrichten*	
supplex, supplex, supplex (*Gen.*: supplicis)	*demütig bittend, flehend*	
poena, poenae *f.*	*Strafe*	verpönt, engl. penalty
vincula, vinculōrum *n.*	*Fesseln, Gefängnis*	
custōdia, custōdiae *f.*	*Aufsicht, Wache, Wachtposten, Haft*	
ēicere, ēiciō, eiēcī, ēiectum ↗VF	*hinauswerfen, vertreiben*	engl. to eject
pellere, pellō, pepulī, pulsum	*treiben, schlagen, vertreiben*	Puls
expellere, expellō, expulī, expulsum	*vertreiben, verbannen*	

prōdere, prōdō, prōdidī, prōditum ↗VF	*verraten, überliefern*	
pīrāta, pīrātae *m.*	*Seeräuber, Pirat*	engl. pirate, frz. pirate

Außenpolitik

imperium, imperiī *n.*	*Befehl, Herrschaft, Reich*	Imperialismus, engl. empire, frz. empire
pāx, pācis *f.*	*Friede*	Pazifismus, engl. peace, frz. paix
hostis, hostis *m.*	*Feind (Staatsfeind)*	
socius, sociī *m.*	*Gefährte, Verbündeter*	Sozius, sozial
bellum, bellī *n.*	*Krieg*	
bellum gerere	*Krieg führen*	
foedus, foederis *n.*	*Bündnis, Vertrag, Verbindung*	Föderalismus
amīcitia, amīcitiae *f.*	*Freundschaft*	frz. amitié
nātiō, nātiōnis *f.*	*Volk, Volksstamm, Abstammung*	Nation, (inter-)national, engl. nation, frz. nation
prōvincia, prōvinciae *f.*	*Provinz, Amtsbereich*	frz. provence
barbarus, barbarī *m.*	*Ausländer, Barbar*	
lēgātus, lēgātī *m.*	*Gesandter, Legat (Unterfeldherr)*	
lēgātiō, lēgātiōnis *f.*	*Gesandtschaft*	
obses, obsidis *m./f.*	*Geisel, Bürge*	

V. Der Mensch und seine Umwelt

Natur und Land

nātūra, nātūrae *f.*	*Natur, Beschaffenheit, Wesen*	engl. nature, frz. nature	□ □ □
terra, terrae *f.*	*Land, Erde*	frz. terre	□ □ □
tellūs, tellūris *f.*	*Erde, Boden, Land*		□ □ □
humus, humī *f.*	*Erde, Boden*	Humus	□ □ □
vīlla, vīllae *f.*	*Landhaus, Landgut*		□ □ □
vīcus, vīcī *m.*	*Dorf, Gasse, Stadtteil*		□ □ □
ager, agrī *m.*	*Acker, Feld, Gebiet*	Agrar...	□ □ □
campus, campī *m.*	*Ebene, Feld, Platz*	Camping, Uni-Campus, frz. champ	□ □ □
colere, colō, coluī, cultum	*bebauen, pflegen, verehren*		□ □ □
frūmentum, frūmentī *n.*	*Getreide*		□ □ □
vīnum, vīnī *n.*	*Wein*	frz. vin	□ □ □
iugum, iugī *n.*	*Joch, Bergkamm*		□ □ □
mōns, mōntis *m.*	*Berg*	engl. mountain, frz. montagne	□ □ □
summus mōns	*der Berggipfel*	engl. summit	
collis, collis *m.*	*Hügel*	frz. colline	□ □ □
saxum, saxī *n.*	*Fels, Stein*		□ □ □
aqua, aquae *f.*	*Wasser*	Aquädukt, Aquarium	□ □ □
mare, maris *n.*	*Meer*	maritim, frz. mer	□ □ □
terrā marīque	*zu Land(e) und zu Wasser*		□ □ □
mare nostrum	*das Mittelmeer*		□ □ □
lacus, lacūs *m.*	*See, Teich*	Lache, engl. lake, frz. lac	□ □ □
flūmen, flūminis *n.*	*Fluss*		□ □ □
fōns, fontis *m.*	*Quelle*	Fontäne, frz. font	□ □ □
unda, undae *f.*	*Welle, Woge, Wasser*	frz. onde	□ □ □
īnsula, īnsulae *f.*	*Insel, Wohnblock*	engl. island, frz. île	□ □ □
lītus, lītoris *n.*	*Küste, Strand*		□ □ □
ōra, ōrae *f.*	*Küste, Gegend*		□ □ □
rīpa, rīpae *f.*	*Ufer*	frz. rive	□ □ □
silva, silvae *f.*	*Wald*		□ □ □
arbor, arboris *f.*	*Baum*	frz. arbre	□ □ □
crēscere, crēscō, crēvī	*wachsen, zunehmen*	Crescendo	□ □ □
animal, animālis *n.*	*Lebewesen, Tier*	animalisch, engl. animal, frz. animal	□ □ □
equus, equī *m.*	*Pferd*		□ □ □
canis, canis *m./f.*	*Hund*	frz. chien	□ □ □

☐ ☐ ☐	**taurus**, taurī *m.*	*Stier*	Torero, Minotaurus, frz. taureau,
☐ ☐ ☐	**grex**, gregis *m.*	*Herde, Schar*	
☐ ☐ ☐	**leō**, leōnis *m.*	*Löwe*	engl./frz. lion,
☐ ☐ ☐	**angustus**, -a, -um	*eng, schmal, knapp*	
☐ ☐ ☐	**caelum**, caelī *n.*	*Himmel, Klima*	frz. ciel
☐ ☐ ☐	**sōl**, sōlis *m.*	*Sonne*	Solarium, Solarstrom, frz. soleil
☐ ☐ ☐	**lūx**, lūcis *f.*	*Licht, Tageslicht, Auge*	
☐ ☐ ☐	**lūmen**, lūminis *n.*	*Licht, Tageslicht, Augenlicht*	illuminieren
☐ ☐ ☐	**tenebrae**, tenebrārum *f.*	*Finsternis, Dunkelheit*	
☐ ☐ ☐	**umbra**, umbrae *f.*	*Schatten, Finsternis*	frz. ombre
☐ ☐ ☐	**lūna**, lūnae *f.*	*Mond*	frz. lune
☐ ☐ ☐	**sīdus**, sīderis *n.*	*Stern, Gestirn*	
☐ ☐ ☐	**aura**, aurae *f.*	*Luft, Hauch, Gunst*	Aura
☐ ☐ ☐	**ventus**, ventī m	*Wind*	Ventilator, Ventil, frz. vent
☐ ☐ ☐	**tempestās**, tempestātis *f.*	*Sturm, Unwetter, Zeit*	engl. tempest
☐ ☐ ☐	**hiems**, hiemis *f.*	*Winter, Kälte, Unwetter*	
☐ ☐ ☐	**īgnis**, īgnis *m.*	*Feuer*	
☐ ☐ ☐	**flamma**, flammae *f.*	*Flamme, Feuer, Glut*	engl. flame, frz. flamme
☐ ☐ ☐	**incendium**, incendiī *n.*	*Brand, Feuer*	frz. incendie
☐ ☐ ☐	**incendere**, incendō, incendī, incēnsum	*anzünden, entflammen*	
☐ ☐ ☐	**ardēre**, ardeō, arsī	*brennen, glühen*	
☐ ☐ ☐	**placidus**, -a, -um	*ruhig, still, glatt, friedlich*	engl. placid

Stadt

☐ ☐ ☐	**urbs**, urbis *f.*	*Stadt, Rom*	„Urbi et orbi" (Segen des Papstes)
☐ ☐ ☐	**Rōma**, Rōmae *f.*	*Rom*	
☐ ☐ ☐	**Rōmae** (Lokativ)	*in Rom* (Auf die Frage „Wo?")	
☐ ☐ ☐	**Rōmam**	*nach Rom* (Auf die Frage „Wohin?")	
☐ ☐ ☐	**Rōmā**	*von Rom* (Auf die Frage „Woher?")	
☐ ☐ ☐	**urbānus**, -a, -um	*städtisch, in (von) Rom, gebildet*	urban, engl. urban
☐ ☐ ☐	**condere**, condō, condidī, conditum ↗VF	*gründen, erbauen*	
☐ ☐ ☐	**oppidum**, oppidī *n.*	*Stadt, Landstadt, Befestigung*	
☐ ☐ ☐	**forum**, forī *n.*	*Markt(platz), Forum*	

turris, turris *f.*	*Turm*	frz. tour	☐ ☐ ☐
moenia, moenium *n.*	*Stadtmauer(n)*		☐ ☐ ☐
mūrus, mūrī *m.*	*Mauer, Stadtmauer*	frz. mur	☐ ☐ ☐
porta, portae *f.*	*Tor, Tür*	Portal, Pforte, frz. porte	☐ ☐ ☐
via, viae *f.*	*Weg, Straße, Methode*	engl. way, frz. voie	☐ ☐ ☐
domus, domūs *f.*	*Haus*	Dom, Domizil, domestizieren	☐ ☐ ☐
domī (Lokativ)	*zu Hause* (Auf die Frage „Wo?“)		☐ ☐ ☐
domum	*nach Hause* (Auf die Frage „Wohin?“)		☐ ☐ ☐
aedis, aedis *f.*	*Tempel*		☐ ☐ ☐
aedēs, aedium *f.*	*Haus*		☐ ☐ ☐
aedificium, aedificiī *n.*	*Gebäude*		☐ ☐ ☐
tēctum, tēctī *n.*	*Dach, Haus*		☐ ☐ ☐
portus, portūs *m.*	*Hafen*	engl. port, frz. port	☐ ☐ ☐
pōns, pontis *m.*	*Brücke*	frz. pont	☐ ☐ ☐
circus, circī *m.*	*Zirkus, Rennbahn, Kreis*	Zirkel	☐ ☐ ☐
theātrum, theātrī *n.*	*Theater*		☐ ☐ ☐
thermae, thermārum *f.*	*Thermen, Badeanlage*	Thermalbad	☐ ☐ ☐
basilica, basilicae *f.*	*Basilika, Halle, Markt-/Gerichtshalle*		☐ ☐ ☐
statua, statuae *f.*	*Statue, Standbild*		☐ ☐ ☐
monumentum, monumentī *n.*	*Denkmal, Grabmal*	Monument, engl. monument, frz. monument	☐ ☐ ☐
custōs, custōdis *m.*	*Wächter*	Küster	☐ ☐ ☐
mercātor, mercātōris *m.*	*Händler, Kaufmann*	engl. merchand	☐ ☐ ☐

VI. Das Militär

Organisation

□ □ □ **exercitus**, exercitūs *m.*	*Heer*	
□ □ □ **cōpiae**, cōpiarum *f.*	*Truppen*	
□ □ □ **vīrēs**, vīrium *f.*	*Streitkräfte, Truppenmassen*	
□ □ □ **classis**, classis *f.*	*Flotte, Abteilung*	Klasse, engl. class, frz. classe
□ □ □ **imperātor**, imperātōris *m.*	*Befehlshaber, Feldherr, Kaiser*	engl. emperor, frz. empereur
□ □ □ **imperāre**, imperō, imperāvī, imperātum	*befehlen, herrschen*	Imperativ
□ □ □ **praeesse**, praesum, praefuī *m. Dat.* ↗VF	*an der Spitze stehen, leiten, befehligen*	
exercituī praeesse	*ein Heer befehligen*	
□ □ □ **legiō**, legiōnis *f.*	*Legion* (ca. 6000 Mann)	
□ □ □ **cōhors**, cōhortis *f.*	*Kohorte* (ca. 600 Mann)	
□ □ □ **centūriō**, centūriōnis *m.*	*Zenturio, Anführer eine Zenturie* (ca. 60 Mann)	
□ □ □ **mīles**, mīlitis *m.*	*Soldat*	
□ □ □ **mīlitāris**, mīlitāris, mīlitāre (*Gen.*: mīlitāris)	*Kriegs-, militärisch*	Militär
rēs mīlitāris	*das Kriegswesen*	
□ □ □ **eques**, equitis *m.*	*Reiter, Ritter (Angehöriger des Ritterstandes)*	
□ □ □ **equitātus**, equitātūs *m.*	*Reiterei*	
□ □ □ **agmen**, agminis *n.*	*Heereszug, Schar*	
□ □ □ **auxilium**, auxiliī *n.*	*Hilfe*	
□ □ □ **auxilia**, auxiliōrum *n.*	*Hilfstruppen*	
□ □ □ **cōnsistere**, cōnsistō, cōnstitī	*sich aufstellen, stehen bleiben, bestehen aus*	Konsistenz
□ □ □ **castra**, castrōrum *n.*	*Lager*	
□ □ □ **mūnīre**, mūniō, mūnīvī, mūnītum	*befestigen*	
□ □ □ **nūntius**, nūntiī *m.*	*Bote, Nachricht*	
□ □ □ **nūntiāre**, nūntiō, nūntiāvī, nūntiātum	*melden, berichten*	denunzieren
□ □ □ **sīgnum**, sīgnī *n.*	*Zeichen, Feldzeichen, Statue*	Signal, signieren, engl. signal, frz. signe
□ □ □ **praesidium**, praesidiī *n.*	*Besatzung, Posten, Schutz, Hilfe*	
□ □ □ **vigilia**, vigiliae *f.*	*Wachtposten, Wache*	

Kampf

pūgna, pūgnae *f.*	*Kampf*		☐☐☐
pūgnāre, pūgnō, pūgnāvī, pūgnātum	*kämpfen*		☐☐☐
oppūgnāre, oppūgnō, oppūgnāvī, oppūgnātum	*angreifen, bekämpfen*		☐☐☐
contendere, contendō, contendī, contentum	*kämpfen, eilen, sich anstrengen, behaupten*		☐☐☐
arma, armōrum *n.*	*Waffen*	engl. arms	☐☐☐
armātus, -a, -um	*bewaffnet*		☐☐☐
gladius, gladiī *m.*	*Schwert*	Gladiole (Schwertlilie)	☐☐☐
ferrum, ferrī *n.*	*Eisen, Schwert, Waffe*	frz. fer	☐☐☐
tēlum, tēlī *n.*	*Wurfwaffe, Geschoss*		☐☐☐
arx, arcis *f.*	*Burg, Festung*		☐☐☐
aciēs, aciēī *f.*	*Schlacht, Schlachtreihe, Schärfe*		☐☐☐
īnstruere, īnstruō, īnstrūxī, īnstrūctum	*aufstellen, ausstatten, unterweisen*		☐☐☐
aciem īnstruere	*das Heer in Schlachtordnung aufstellen*		
proelium, proeliī *n.*	*Schlacht, Gefecht*		☐☐☐
perīculum, perīculī *n.*	*Gefahr*		☐☐☐
petere, petō, petīvī, petītum	*angreifen, streben nach, aufsuchen, bitten*		☐☐☐
pacem ā Rōmānīs petere	*die Römer um Frieden bitten*		
impetus, impetūs *m.*	*Angriff, Ansturm*		☐☐☐
īnsidiae, īnsidiārum *f.*	*Hinterhalt, Anschlag, Attentat, Hinterlist*		☐☐☐
iacere, iaciō, iēcī, iactum ↗VF	*werfen, schleudern*		☐☐☐
conicere, coniciō, coniēcī, coniectum ↗VF	*(zusammen)werfen, schleudern, vermuten*		☐☐☐
obicere, obiciō, obiēcī, obiectum ↗VF	*entgegenstellen, vorwerfen*	Objekt	☐☐☐
subicere, subiciō, subiēcī, subiectum ↗VF	*unterwerfen, unter etwas werfen, setzen, stellen legen*	Subjekt, engl. subject, frz. sujet	☐☐☐
aggredī, aggredior, aggressus sum	*angreifen, herangehen*	Aggression, Aggressor, aggressiv	☐☐☐
īnstāre, īnstō, īnstitī *m. Dat.* ↗VF	*drohen, bevorstehen, bedrängen*		☐☐☐
circumdare, circumdō, circumdedī, circumdatum ↗VF	*umgeben, umzingeln*		☐☐☐

circumvenīre, circumveniō, circumvēnī, circumventum ↗VF	*umzingeln, bedrängen*	
occupāre, occupō, occupāvī, occupātum	*besetzen, einnehmen*	frz. occuper
opprimere, opprimō, oppressī, oppressum	*unterdrücken, überfallen*	
dēfendere, dēfendō, dēfendī, dēfēnsum	*verteidigen*	defensiv, engl. defend, frz. défendre
resistere, resistō, restitī	*sich widersetzen, Widerstand leisten, stillstehen*	resistent, engl. to resist, frz. résister
restāre, restō, restitī	*Widerstand leisten, übrigbleiben*	engl. to rest, frz. rester
vulnus, vulneris *n.*	*Wunde*	
vulnerāre, vulnerō, vulnerāvī, vulnerātum	*verwunden, verletzen*	
violāre, violō, violāvī, violātum	*verletzen, misshandeln*	engl./frz. violence
nex, necis *f.*	*Ermordung, Tötung, Tod*	
necāre, necō, necāvī, necātum	*töten*	
caedere, caedō, cecīdī, caesum	*niederschlagen, töten*	
occīdere, occīdō, occīdī, occīsum	*niederschlagen, töten*	
interficere, interficiō, interfēcī, interfectum ↗VF	*töten, vernichten*	
ēvertere, ēvertō, ēvertī, ēversum ↗VF	*umstürzen, zerstören*	
acerbus, -a, -um	*rau, hart, grausam, unfreundlich*	
ferus, -a, -um	*wild, grausam, hart*	
vāstāre, vāstō, vāstāvī, vāstātum	*verwüsten*	
vāstus, -a, -um	*wüst, verlassen, leer, gewaltig*	engl. vast

Sieg und Niederlage

victōria, victōriae *f.*	*Sieg*	engl. victory, frz. victoire
victor, victōris *m.*	*Sieger*	
vincere, vincō, vīcī, victum	*siegen, besiegen*	frz. vaincre
triumphus, triumphī *m.*	*Triumph(zug)*	frz. Arc de Triomphe (Triumphbogen, Paris)
expūgnāre, expūgnō, expūgnāvī, expūgnātum	*erobern*	
praeda, praedae *f.*	*Beute*	

clādēs, clādis *f.*	*Niederlage, Unglück*		□ □ □
caedēs, caedis *f.*	*Mord, Blutbad*		□ □ □
perniciēs, perniciēī *f.*	*Verderben, Untergang*		□ □ □
cadere, cadō, cecidī, cāsūrus	*fallen*	Kasus	□ □ □
perdere, perdō, perdidī, perditum ↗VF	*vernichten, verderben, verlieren*	frz. perdre	□ □ □
dēlēre, dēleō, dēlēvī, dēlētum	*zerstören, vernichten*	engl. to delete	□ □ □
fuga, fugae *f.*	*Flucht*		□ □ □
fugā salutem petere	*sein Heil in der Flucht suchen*		
fugere, fugiō, fūgī, fugitūrus *m. Akk.*	*fliehen, meiden*		□ □ □
effugere, effugiō, effūgī *m. Akk.*	*entfliehen, entkommen*		□ □ □
invidiam effugere	*dem Neid entgehen*		
cōnsequī, cōnsequor, cōnsecutus sum	*verfolgen, einholen, erreichen*	Konsekutivsatz, Konsequenz	□ □ □
parcere, parcō, pepercī *m. Dat.*	*schonen, sparen*		□ □ □
subiectīs parcere	*die Unterworfenen schonen*		
captīvus, -a, -um	*gefangen* (Substantiv: *Gefangener*)		□ □ □

VII. Kleine Wörter

Adverbien

adeō	*so sehr*
adhūc	*bis jetzt, immer noch*
aliquandō	*einmal, irgendwann*
aliter	*anders, sonst*
amplius	*mehr, weiter*
anteā (ante)	*früher, vorher*
bene	*gut*
brevī	*bald, in Kürze*
certē	*gewiss, sicher*
cēterum	*doch, übrigens*
circiter	*ungefähr*
clam	*heimlich*
contrā	*dagegen, anders*
cūr	*warum*
deinde	*danach, dann, darauf*
dēmum	*endlich, erst*
dēnique	*endlich, schließlich*
diū	*lange Zeit*
eō	*deshalb, deswegen, dorthin*
equidem	*allerdings, freilich, in der Tat*
facile	*leicht, mühelos*
ferē (nachgestellt)	*beinahe, fast, ungefähr*
fortāsse	*vielleicht*
forte	*zufällig*
frūstrā	*erfolglos, vergebens*
hīc	*hier*
hinc	*daher, hierauf, von hier*
hodiē	*heute*
hūc	*hierher*
iam	*bereits, schon, nun*
nōn iam	*nicht mehr*
ibī	*dort*
illīc	*dort*

illūc	*dorthin*
imprīmīs	*besonders, vor allem*
inde	*daher, von dort, dann*
interdum	*bisweilen, manchmal*
intereā	*inzwischen*
intus	*drinnen, (nach) innen*
ita	*so*
item	*ebenso*
iterum	*wiederum, zum zweiten Mal*
iterum atque iterum	*immer wieder*
libenter	*gerne*
longē	*bei weitem, weit(aus)*
magis	*mehr, eher*
maximē	*am meisten, besonders*
minimē	*am wenigsten, keineswegs*
minus	*weniger*
modo	*nur, (so)eben, gerade*
mox	*bald*
multō	*um vieles, weitaus, bei weitem*
multum	*viel, sehr*
nihil (Kurzform: **nīl**)	*in keiner Weise, nicht*
nimis	*(all)zu sehr*
noctū	*nachts*
nōndum	*noch nicht*
numquam	*niemals*
nunc	*jetzt, nun*
nūper	*neulich, vor kurzem*
ōlim	*einst*
omnīnō	*insgesamt, überhaupt, ganz und gar, völlig*
paene	*beinahe, fast*
palam	*offen, öffentlich*
pariter	*in gleicher Weise, ebenso, gleichzeitig*
partim	*teils, zum Teil*
parum	*zu wenig*
paulātim	*allmählich*
paulō	*(um) ein wenig*
paulum	*ein wenig*
plānē	*deutlich, klar, völlig*

plērumque	*meistens*
plūrimum	*am meisten, sehr viel*
plūs	*mehr*
porrō	*ferner, weiter*
posteā (post)	*nachher, später*
postrēmō	*schließlich, zuletzt*
potius	*eher, lieber, vielmehr*
praesertim	*vor allem, besonders, zumal*
praetereā	*außerdem*
prīmō	*anfangs, zuerst*
prīmum	*zuerst, zum ersten Mal*
prius	*eher, früher*
procul	*fern, in die Ferne, von weitem*
profectō	*tatsächlich, wirklich, sicherlich*
prope	*nahe, beinahe*
proptereā	*deswegen, deshalb*
prōtinus	*unverzüglich, sofort, vorwärts, weiter*
quā dē causā	*weshalb* (relativer Anschluss: *daher, deshalb*)
quam	*wie, als* (nach dem Komparativ), *möglichst* (vor dem Superlativ)
quandō	*wann*
quā rē (quārē)	*weshalb* (relativer Anschluss: *daher, deshalb*)
quasi	*gleichsam*
quemadmodum	*auf welche Weise, wie*
quī	*wie*
quid	*was, warum, weshalb*
quidem	*freilich, gewiss, wenigstens, zwar*
nē ... quidem	*nicht einmal*
quīn	*warum nicht, ja (sogar)*
quō	*wohin, wodurch* (relativer Anschluss: *dorthin, dadurch*)
quondam	*einmal, einst, manchmal*
repente	*plötzlich, unerwartet*
rūrsus	*wieder, von neuem*
saepe	*oft*
satis	*genug*
scīlicet	*freilich, natürlich, offenbar, selbstverständlich*
semper	*immer, stets*
sīc	*auf diese Weise, so*
sīcut	*(so) wie*

simul	*gleichzeitig, zugleich*
sōlum	*nur*
statim	*sofort, sogleich*
subitō	*plötzlich*
tam	*so, so sehr*
tandem	*endlich, schließlich* (im Fragesatz: *denn eigentlich*)
tantum	*nur, so sehr*
tum	*da, dann, darauf, damals*
tunc	*damals, dann*
ubī	*wo*
ultrō	*überdies, noch dazu, von selbst*
umquam	*jemals*
ūnā	*zugleich, zusammen (mit)*
unde	*woher*
undique	*von allen Seiten, von überall her, überall*
ut	*wie*
velut (veluti)	*wie, zum Beispiel*
vix	*kaum, mit Mühe, schwer*

Beiordnende Konjunktionen

at	*aber, jedoch, dagegen*
atque, ac	*und, und dazu*
aut	*oder*
aut ... aut	*entweder ... oder*
autem (nachgestellt)	*aber, ferner*
cum ... tum	*einerseits ... besonders aber, sowohl ... als auch besonders*
enim (nachgestellt)	*denn, nämlich*
ergō	*also, folglich*
et	*und, auch*
et ... et	*sowohl ... als auch, einerseits ... andererseits*
etenim	*denn, nämlich*
etiam	*auch, sogar*
quīn etiam	*ja sogar*
igitur (nachgestellt)	*also, folglich*
immō (vērō)	*im Gegenteil, ja sogar, vielmehr*
itaque	*daher, deshalb*
modo ... modo	*bald ... bald*

nam	*denn, nämlich*
neque, nec	*und nicht, auch nicht*
nec ... nec	*weder ... noch*
neque ... neque	*weder ... noch*
neque enim	*denn nicht*
neque tamen	*dennoch nicht*
neque vērō	*aber nicht*
nōn modo ... sed (vērum) etiam	*nicht nur ... sondern auch*
nōn sōlum ... sed (vērum) etiam	*nicht nur ... sondern auch*
nōn tantum ... sed (vērum) etiam	*nicht nur ... sondern auch*
-que	*und*
quoque (nachgestellt)	*auch*
sed	*aber, sondern*
tamen	*dennoch, trotzdem*
vel	*oder, sogar*
vel ... vel	*entweder ... oder*
vērō (nachgestellt)	*in der Tat, wirklich, aber, doch*
vērum	*aber, sondern*

Subjunktionen

Konjunktion	Modus	Satzart	Bedeutung
cum	Ind.	Temporalsatz	*jedes Mal, wenn; sooft*
	Ind.	Temporalsatz	*(damals) als; (dann) wenn*
	Ind.	Temporalsatz	*als (plötzlich); da*
	Ind.	Modalsatz	*indem; dadurch, dass; wenn*
	Konj.	Temporalsatz	*als; nachdem*
	Konj.	Kausalsatz	*da; weil*
	Konj.	Konzessivsatz	*obwohl; obgleich*
	Konj.	Adversativsatz	*während (hingegen)*
dōnec	Ind.	Temporalsatz	*solange*
dum	Ind./Konj.	Temporalsatz	*solange; bis*
	Ind. Präsens	Temporalsatz	*während*
etiamsi, etsī	Ind./Konj.	Konzessivsatz	*auch wenn*
nē	Konj.	Begehrsatz	*dass nicht*
	Konj.	Begehrsatz	*dass (nach Verben des Fürchtens und Hinderns)*
	Konj.	Finalsatz	*damit nicht; um nicht ... zu*
-ne	Konj.	Fragesatz	*ob; ob nicht*

-ne ... an	Konj.	Fragesatz	*ob ... oder*
nisī	Ind./Konj.	Kondizionalsatz	*wenn nicht*
num	Konj.	Fragesatz	*ob; ob nicht*
postquam	Ind. Perfekt	Temporalsatz	*nachdem*
priusquam	Ind./Konj.	Temporalsatz	*ehe; bevor*
quamquam	Ind.	Konzessivsatz	*obwohl; wenn auch*
quamvīs	Konj.	Konzessivsatz	*obwohl; wenn auch (noch so)*
quia	Ind./Konj.	Kausalsatz	*da; weil*
quīn	Konj.	Erklärungssatz	*dass (nach verneinten Ausdrücken des Zweifels)*
quoad	Ind./Konj.	Temporalsatz	*solange; bis*
quod	Ind./Konj.	Kausalsatz	*da; weil*
	Ind.	Erklärungssatz	*dass (= faktisches quod)*
quodsī	Ind./Konj.	Kondizionalsatz	*wenn nun; wenn aber*
quoniam	Ind./Konj.	Kausalsatz	*da ja; weil ja*
sī	Ind./Konj.	Kondizionalsatz	*wenn; falls*
	Konj.	Fragesatz	*ob*
sīn (autem)	Ind./Konj.	Kondizionalsatz	*wenn aber*
sīve ... sīve (seu ... seu)	Ind./Konj.	Kondizionalsatz	*sei es (dass) ...oder (dass)*
tamquam	Konj.	Komparativsatz	*als ob; wie wenn*
ubī (prīmum)	Ind.	Temporalsatz	*sobald*
ut (prīmum)	Ind.	Temporalsatz	*sobald*
	Konj.	Erklärungssatz	*dass (z.B. fit, ut)*
	Konj.	Begehrsatz	*dass*
	Konj.	Begehrsatz	*dass nicht (nach Verben des Fürchtens und Hinderns)*
	Konj.	Finalsatz	*damit; um ... zu*
	Konj.	Konsekutivsatz	*(so) dass*
utrum ... an	Konj.	Fragesatz	*ob ... oder*

Präpositionen

Präpositionen mit dem Akkusativ

ad (ūsque ad)	*zu (hin), an, bei, bis (zu)*
ad oppidum contendere	*zur Stadt eilen*
ad senātum referre	*beim (vor dem) Senat berichten*
(ūsque) ad id tempus	*bis zu dieser Zeit*

ad diem	*auf den Tag genau, termingerecht*
ad ducentōs	*an die 200 Menschen, etwa 200 Menschen*
quem ad modum	*auf welche Weise, wie*
adversus	*gegen, gegenüber*
adversus cūriam	*gegenüber der Kurie*
pietās adversus deōs	*Frömmigkeit gegenüber den Göttern*
ante	*vor*
ante urbem	*vor der Stadt*
ante lūcem	*vor Tagesanbruch*
apud	*bei*
apud iūdicēs	*bei (vor) den Richtern*
ut est apud Platōnem	*wie es bei Platon steht*
circum, circā	*um ... herum*
circum forum	*rings um das Forum*
circā (*auch* circiter[1]) merīdiem	*um die Mittagszeit*
contrā	*gegen, gegenüber*
contrā Britanniam	*Britannien gegenüber*
contrā opīniōnem	*wider Erwarten, unerwartet*
ergā	*gegen* (meistens freundlich)
voluntās ergā aliquem	*Wohlwollen gegenüber jemandem*
extrā	*außerhalb*
extrā fīnēs	*außerhalb der Grenzen, des Gebiets*
inter	*zwischen, unter, während*
inter omnēs cōnstat	*unter allen (allgemein) ist bekannt*
inter tot annōs	*während so vieler Jahre*
intrā	*innerhalb*
intrā mūrōs	*innerhalb der Mauern*
intrā paucōs diēs	*innerhalb weniger Tage*

[1] Das Adverb **circiter** kann auch als Präposition verwendet werden.

ob	*vor, entgegen[1], wegen*
ob oculōs versārī	*vor Augen schweben*
ob eam rem, ob eam causam	*deswegen*

per	*durch (hindurch), mittels, wegen*
per mediam urbem	*mitten durch die Stadt*
per multōs diēs	*viele Tage hindurch*
per legatōs agere	*mit Hilfe von Gesandten verhandeln*
per vim	*gewaltsam*
per mē	*meinetwegen*

post	*nach, hinter*
post hominum memoriam	*seit Menschengedenken*
post mē	*hinter mir, nach mir*

praeter	*an ... vorbei, außer*
cōpiās praeter castra trādūcere	*die Truppen am Lager vorbeiführen*
omnēs praeter mē	*alle außer mir*
praeter opiniōnem, praeter spem	*gegen die Erwartung, wider Erwarten*

prope	*nahe bei*
prope urbem	*nahe bei der Stadt*

propter	*wegen, nahe bei*
īnsulae propter Siciliam	*die Inseln nahe bei Sizilien*
propter frūmentī inopiam	*wegen des Mangels an Getreide*
propter timōrem	*aus Furcht*

trāns	jenseits, über (hinüber)
trāns Rhēnum incolere	jenseits des Rheines wohnen
trāns Rhēnum sē recēpērunt	sie zogen sich über den Rhein zurück

Präpositionen mit dem Ablativ

ā, ab, abs	*von, von ... weg, von ... her, von ... an*
ab aliquō amārī	*von jemandem geliebt werden*
ab urbe discēdere	*von der Stadt fortgehen*
ā pueritiā	*von Kindheit an*

[1] In der Bedeutung *gegen* findet man **ob** meist in zusammengesetzten Verben wie **obesse**, **obstāre**, **obicere**, **oppūgnāre** etc. .

cum	*mit, zusammen mit*
(ūnā) cum militibus	*(zusammen) mit den Soldaten*
magnā cum diligentiā	*mit großer Sorgfalt*

dē	*von ... herab, von ... weg, über (betreffs)*
dē murō iacere	*von der Mauer werfen*
dē vitā dēcēdere	*aus dem Leben gehen, sterben*
dē aliquā rē narrāre	*von etwas erzählen*

ex, ē	*aus (heraus), von ... aus, seit*
ex urbe ēgrēdī	*aus der Stadt (heraus)gehen*
ex eō tempore	*seit dieser Zeit*

prae	*vor*
prae sē ferre	*vor sich hertragen, an den Tag legen*
prae lacrimīs loquī nōn posse	*vor Tränen nicht sprechen können*

prō	*vor, für, entsprechend*
prō urbe collocāre	*vor der Stadt aufstellen*
prō patriā morī	*für das Vaterland sterben*
prō cōnsule	*an Stelle eines Konsuls*
prō vīribus	*nach Kräften*

sine	*ohne*
sine morā	*ohne Verzögerung, unverzüglich*

Präpositionen mit dem Akkusativ oder dem Ablativ

in *mit Akkusativ auf die Frage: wohin?*	*in, an, auf, nach, gegen*
in Italiam proficiscī	*nach Italien abreisen*
in perpetuum	*für immer*
crūdēlis in hostēs	*grausam gegen die Feinde*

in *mit Ablativ auf die Frage: wo?*	*in, an, auf, bei*
in senātū dicere	*im Senat sprechen*
in Italiā versārī	*sich in Italien aufhalten*
in oppidō oppūgnandō	*beim Angriff auf die Stadt*

sub *mit Akkusativ auf die Frage: wohin?*	*unter, nahe an*
sub ōrās Graeciae navigāre	*nahe an die Küsten Griechenlands segeln*

sub *mit Ablativ auf die Frage: wo?*	*unter, nahe an*
sub imperiō esse	*unter der Herrschaft stehen*
sub mōnte	*am Fuß des Berges*

Wie eine Präposition, aber nachgestellt mit dem Genitiv (Postposition)

causā	*wegen, um ... willen*
reī pūblicae causā	*um des Staates willen*
discendī causā	*des Lernens wegen, um zu lernen*

Pronomen

Personalpronomen

ego, meī, mihi, mē, (ā) mē (mēcum)	*ich, meiner, mir, mich, von mir (mit/bei mir)*
tū, tuī, tibi, tē, (ā) tē (tēcum)	*du, deiner, dir, dich, von dir (mit/bei dir)*
-, suī, sibi, sē, (ā) sē (sēcum) (reflexiv)	*-, seiner/ihrer, sich, sich, von sich (mit/bei sich)*
is/ea, eius, eī, eum/eam, (ab/cum) eō/eā (nicht-reflexiv)	*er/sie, seiner/ihrer, ihm/ihr, ihn/sie, von/mit ihm/ihr*
nōs, nostrī/nostrum, nōbīs, nōs, (ā) nōbīs (nōbīscum)	*wir, unser/von uns, uns, uns, von uns (mit/bei uns)*
vōs, vestrī/vestrum, vōbīs, vōs, (ā) vōbīs (vōbīscum)	*ihr, euer/von euch, euch, euch, von euch (mit/bei euch)*
-, suī, sibi, sē, (ā) sē (sēcum) (reflexiv)	*-, ihrer, sich, sich, von sich (mit/bei sich)*
iī/eae, eōrum/eārum, iīs (eīs), eōs/eās, (ab/cum) iīs (eīs) (nicht-reflexiv)	*sie, ihrer, ihnen, sie, von/mit ihnen*

Possessivpronomen

meus, mea, meum	*mein*
tuus, tua, tuum	*dein*
suus, sua, suum (*reflexiv*)	*sein, ihr*
eius (*nicht reflexiv*)	*sein/dessen, ihr/deren*
noster, nostra, nostrum	*unser*
vester, vestra, vestrum	*euer*
suus, sua, suum (*reflexiv*)	*ihr*
eōrum, eārum (*nicht reflexiv*)	*ihr/deren*

Demonstrativpronomen

hic, haec, hoc	*dieser, diese, dieses*
is, ea, id	*dieser, diese, dieses*
iste, ista, istud	*dieser (da), diese (da), dieses (da)*
ille, illa, illud	*jener, jene, jenes*
īdem, eadem, idem	*derselbe, dieselbe, dasselbe*
ipse, ipsa, ipsum	*selbst, persönlich, gerade, unmittelbar*

Deklinationsbeispiele

1. **hic, haec, hoc** = *dieser, diese, dieses; folgender, folgende, folgendes*

	Singular			Plural		
	m.	f.	n.	m.	f.	n.
Nom.	hic	haec	hoc	hī	hae	haec
Gen.	huius	huius	huius	hōrum	hārum	hōrum
Dat.	huic	huic	huic	hīs	hīs	hīs
Akk.	hunc	hanc	hoc	hōs	hās	haec
Abl.	hōc	hāc	hōc	hīs	hīs	hīs

	Singular			Plural		
	m.	f.	n.	m.	f.	n.
Nom.	*dieser*	*diese*	*dieses*	*diese*	*diese*	*diese/dieses*
Gen.	*dieses*	*dieser*	*dieses*	*dieser*	*dieser*	*dieser/dieses*
Dat.	*diesem*	*dieser*	*diesem*	*diesen*	*diesen*	*diesen/diesem*
Akk.	*diesen*	*diese*	*dieses*	*diese*	*diese*	*diese/dieses*

2. **ille, illa, illud** = *jener, jene, jenes*

	Singular			Plural		
	m.	f.	n.	m.	f.	n.
Nom.	ille	illa	illud	illī	illae	illa
Gen.	illīus	illīus	illīus	illōrum	illārum	illōrum
Dat.	illī	illī	illī	illīs	illīs	illīs
Akk.	illum	illam	illud	illōs	illās	illa
Abl.	illō	illā	illō	illīs	illīs	illīs

	Singular			Plural		
	m.	f.	n.	m.	f.	n.
Nom.	*jener*	*jene*	*jenes*	*jene*	*jene*	*jene/jenes*
Gen.	*jenes*	*jener*	*jenes*	*jener*	*jener*	*jener/jenes*
Dat.	*jenem*	*jener*	*jenem*	*jenen*	*jenen*	*jenen/jenem*
Akk.	*jenen*	*jene*	*jenes*	*jene*	*jene*	*jene/jenes*

3. **quī, quae, quod** = *der, die, das; welcher, welche, welches*

	Singular			Plural		
	m.	f.	n.	m.	f.	n.
Nom.	quī	quae	quod	quī	quae	quae
Gen.	cuius	cuius	cuius	quōrum	quārum	quōrum
Dat.	cui	cui	cui	quibus	quibus	quibus
Akk.	quem	quam	quod	quōs	quās	quae
Abl.	quō	quā	quō	quibus	quibus	quibus

	Singular			Plural		
	m.	f.	n.	m.	f.	n.
Nom.	*der*	*die*	*das*	*die*	*die*	*die/das*
Gen.	*dessen*	*deren*	*dessen*	*deren*	*deren*	*deren/dessen*
Dat.	*dem*	*der*	*dem*	*denen*	*denen*	*denen/dem*
Akk.	*den*	*die*	*das*	*die*	*die*	*die/das*

Interrogativpronomen

quis, cuius, cui, quem, (ā) quō (quōcum)?	*wer?*
quid?	*was?*
quī, quae, quod? (*adjekt. Fragepronomen*)	*welcher? welche? welches?*
uter, utra, utrum?	*welcher, welche, welches von beiden?*

Relativpronomen

quī, quae, quod	*der, die, das; welcher, welche, welches*
quīcumque, quaecumque, quodcumque	*wer auch immer; jeder, der*
quisquis, quidquid/quicquid	*jeder, der; alles, was*

Indefinitpronomen

aliquis, aliquid (*substantivisch*)	*irgendeiner, irgendetwas*
aliquī, aliqua, aliquod (*adjektivisch*) die Vorsilbe ali- entfällt nach nē, sī, nisī, num, quō, cum und ubī	*irgendein, irgendeine, irgendein*
quisquam, quicquam/quidquam (*substantivisch*)	*irgendeiner, irgendetwas*
ūllus, ūlla, ūllum (*adjektivisch*)	*irgendein, irgendeine, irgendein*
quīdam, quaedam, quiddam (substantivisch)	*ein gewisser, eine gewisse, ein gewisses (Pl.: einige, manche)*
quīdam, quaedam, quoddam (*adjektivisch*)	*ein gewisser, eine gewisse, ein gewisses (Pl.: einige, manche)*
quisque, quidque (*substantivisch*)	*jeder, jedes*
quisque, quaeque, quodque (*adjektivisch*)	*jeder, jede, jedes*
quīlibet, quaelibet, quidlibet (*substantivisch*)	*jeder, jede, jedes (beliebige)*
quīlibet, quaelibet, quodlibet (*adjektivisch*)	*jeder, jede, jedes (beliebige)*
quīvīs, quaevīs, quidvīs (*substantivisch*)	*jeder, jede, jedes (beliebige)*
quīvīs, quaevīs, quodvīs (*adjektivisch*)	*jeder, jede, jedes (beliebige)*
uterque, utraque, utrumque	*jeder, jede, jedes von beiden*
nēmō, nūllīus, nēminī, nēminem, (ā) nūllō	*niemand, keiner*
nihil (nīl), nūllīus reī, nūllī reī, nihil, nūllā rē	*nichts*
nūllus, nūlla, nūllum (*adjektivisch*)	*kein, keine, kein*

Zahlen

		Grundzahl	Ordnungszahl
1	I	**ūnus, ūna, ūnum**	**prīmus, prīma, prīmum**
2	II	**duo, duae, duo**	**secundus**, -a, -um
3	III	**trēs, trēs, tria**	**tertius**, -a, -um
4	IV	**quattuor**	**quārtus**, -a, -um
5	V	**quīnque**	**quīntus**, -a, -um
6	VI	**sex**	**sextus**, -a, -um
7	VII	**septem**	**septimus**, -a, -um
8	VIII	**octō**	**octāvus**, -a, -um
9	IX	**novem**	**nōnus**, -a, -um
10	X	**decem**	**decimus**, -a, -um
11	XI	**undecim**	**undecimus**, -a, -um
12	XII	**duodecim**	**duodecimus**, -a, -um
13	XIII	**trēdecim**	**tertius decimus, tertia decima ...**
14	XIV	**quattuordecim**	**quārtus decimus, quārta decima ...**
15	XV	**quīndecim**	**quīntus decimus, quīnta decima ...**
16	XVI	**sēdecim**	**sextus decimus, sexta decima ...**
17	XVII	**septendecim**	**septimus decimus, septima decima ...**
18	XVIII	**duodēvīgintī**	**duodēvīcēsimus**, -a, -um
19	XIX	**undēvīgintī**	**undēvīcēsimus**, -a, -um
20	XX	**vīgintī**	**vīcēsimus**, -a, -um
30	XXX	**trīgintā**	**trīcēsimus**, -a, -um
40	XL	**quadrāgintā**	**quadrāgēsimus**, -a, -um
50	L	**quīnquāgintā**	**quīnquāgēsimus**, -a, -um
60	LX	**sexāgintā**	**sexāgēsimus**, -a, -um
70	LXX	**septuāgintā**	**septuāgēsimus**, -a, -um
80	LXXX	**octōgintā**	**octōgēsimus**, -a, -um
90	XC	**nōnāgintā**	**nōnāgēsimus**, -a, -um
100	C	**centum**	**centēsimus**, -a, -um
200	CC	**ducentī**, -ae, -a	**ducentēsimus**, -a, -um
300	CCC	**trecentī**, -ae, -a	**trecentēsimus**, -a, -um
400	CD	**quadringentī**, -ae, -a	**quadringentēsimus**, -a, -um
500	D	**quīngentī**, -ae, -a	**quīngentēsimus**, -a, -um
600	DC	**sescentī**, -ae, -a	**sescentēsimus**, -a, -um
700	DCC	**septingentī**, -ae, -a	**septingentēsimus**, -a, -um
800	DCCC	**octingentī**, -ae, -a	**octingentēsimus**, -a, -um
900	CM	**nōngentī**, -ae, -a	**nōngentēsimus**, -a, -um
1000	M	**mīlle**	**mīllēsimus**, -a, -um
2000	MM	**duo mīlia**	**bis mīllēsimus**, -a, -um

VIII. Anhang

Verbfamilien

īre und Komposita

īre	eō	iī	itūrus	*gehen*
abīre	abeō	abiī	abitūrus	*weggehen*
adīre	adeō	adiī	aditum	*angehen, aufsuchen, bitten*
exīre	exeō	exiī	exitūrus	*herausgehen*
inīre	ineō	iniī	initum	*hineingehen, beginnen*
interīre	intereō	interiī	interitūrus	*untergehen, umkommen*
perīre	pereō	periī	peritūrus	*zu Grunde gehen, umkommen*
praeterīre	praetereō	praeteriī	praeteritum	*vorbeigehen, übergehen*
redīre	redeō	rediī	reditūrus	*zurückkehren*
subīre	subeō	subiī	subitum	*unternehmen, auf sich nehmen*
trānsīre	trānseō	trānsiī	trānsitum	*hinübergehen, überschreiten, durchqueren*

ferre und Komposita

ferre	ferō	tulī	lātum	*tragen, bringen, ertragen, berichten*
afferre	afferō	attulī	allātum	*herbeitragen, beibringen, melden*
auferre	auferō	abstulī	ablātum	*wegtragen, rauben*
cōnferre	cōnferō	contulī	collātum	*zusammentragen, vergleichen*
dēferre	dēferō	dētulī	dēlātum	*melden, übertragen*
differre	differō	–	–	*sich unterscheiden*
efferre	efferō	extulī	ēlātum	*hinaustragen, herausheben*
īnferre	īnferō	intulī	illātum	*hineintragen, zufügen*
praeferre	praeferō	praetulī	praelātum	*vorziehen*
perferre	perferō	pertulī	perlātum	*überbringen, ertragen*
referre	referō	rettulī	relātum	*zurückbringen, melden, beziehen auf* (referre ad)
tollere	tollō	sustulī	sublātum	*aufheben, beseitigen*

esse und Komposita

esse	sum	fuī		*sein*
abesse	absum	afuī		*abwesend sein, entfernt sein*
adesse	adsum	adfuī (affuī)		*da sein, helfen*
dēesse	dēsum	dēfuī		*fehlen, mangeln*
inesse	insum	–		*innewohnen, darin sein*
interesse	intersum	interfuī		*dabei sein, teilnehmen*
praeesse	praesum	praefuī		*an der Spitze stehen, leiten, befehligen*
prōdesse	prōsum	prōfuī		*nützen, nützlich sein*
posse	possum	potuī		*können, vermögen*

stāre und Komposita

stāre	stō	stetī	stātūrus	*stehen*
cōnstāre	cōnstō	cōnstitī	cōnstātūrus	*feststehen, bestehen aus*
īnstāre	īnstō	īnstitī		*drohen, bevorstehen, bedrängen*
obstāre	obstō	obstitī		*im Weg stehen, hindern*
praestāre	praestō	praestitī	praestātūrus	*(m. Dat.) voranstehen, übertreffen, (m. Akk.) leisten, erfüllen, erweisen*

habēre und Komposita

habēre	habeō	habuī	habitum	*haben, halten*
adhibēre	adhibeō	adhibuī	adhibitum	*anwenden, hinzuziehen*
prohibēre	prohibeō	prohibuī	prohibitum	*abhalten, (ver)hindern*
dēbēre	dēbeō	dēbuī	dēbitum	*schulden, müssen*
praebēre	praebeō	praebuī	praebitum	*darreichen, geben, gewähren*

tenēre und Komposita

tenēre	teneō	tenuī	tentum	*halten, festhalten*
continēre	contineō	continuī		*zusammenhalten, enthalten*
obtinēre	obtineō	obtinuī	obtentum	*festhalten, behaupten*
pertinēre	pertineō	pertinuī		*sich erstrecken, sich beziehen auf, gehören zu*
retinēre	retineō	retinuī	retentum	*zurückhalten*
sustinēre	sustineō	sustinuī		*aushalten, ertragen*

venīre und Komposita

venīre	veniō	vēnī	ventum	*kommen*
advenīre	adveniō	advēnī	adventum	*ankommen*
circum-venīre	cicumveniō	circumvēnī	circumventum	*umzingeln, bedrängen*
convenīre	conveniō	convēnī	conventum	*zusammenkommen, zusammenpassen, besuchen*
invenīre	inveniō	invēnī	inventum	*finden, erfinden*
pervenīre	perveniō	pervēnī	perventum	*(hin)kommen, (ans Ziel) gelangen*

dare und Komposita

dare	dō	dedī	datum	*geben*
circumdare	circumdō	circumdedī	circumdatum	*umgeben, umzingeln*
dēdere	dēdō	dēdidī	dēditum	*ausliefern, übergeben*
ēdere	ēdō	ēdidī	ēditum	*herausgeben, äußern*
reddere	reddō	reddidī	redditum	*zurückgeben, zu etwas machen*
trādere	trādō	trādidī	trāditum	*überliefern, übergeben*
abdere	abdō	abdidī	abditum	*verbergen*
addere	addō	addidī	additum	*hinzufügen*
condere	condō	condidī	conditum	*gründen, erbauen*
crēdere	crēdō	crēdidī	crēditum	*glauben, anvertrauen*
prōdere	prōdō	prōdidī	prōditum	*verraten, überliefern*
perdere	perdō	perdidī	perditum	*vernichten, verderben, verlieren*

pōnere und Komposita

pōnere	pōnō	posuī	positum	*setzen, stellen, legen*
compōnere	compōnō	composuī	compositum	*zusammenstellen, verfassen, ordnen, vergleichen*
dēpōnere	dēpōnō	dēposuī	dēpositum	*ablegen, niederlegen*
dispōnere	dispōnō	disposuī	dispositum	*verteilen, ordnen*
expōnere	expōnō	exposuī	expositum	*darlegen, ausstellen, aussetzen*
impōnere	impōnō	imposuī	impositum	*hineinlegen, einsetzen, auferlegen, aufbürden*
prōpōnere	prōpōnō	prōposuī	prōpositum	*darlegen, vorlegen, in Aussicht stellen*

dūcere und Komposita

dūcere	dūcō	dūxī	ductum	*führen, ziehen, glauben, meinen, halten für*
abdūcere	abdūcō	abdūxī	abductum	*wegführen*
addūcere	addūcō	addūxī	adductum	*hinführen, veranlassen*
condūcere	condūcō	condūxī	conductum	*zusammenführen, anwerben, mieten*
dēdūcere	dēdūcō	dēdūxī	dēductum	*wegführen, hinführen, hinbringen*
ēdūcere	ēdūcō	ēdūxī	ēductum	*herausführen*
indūcere	indūcō	indūxī	inductum	*(hin)einführen, verführen, verleiten*
prōdūcere	prōdūcō	prōdūxī	prōductum	*(vor)führen, hervorbringen*
redūcere	redūcō	redūxī	reductum	*zurückführen*
trādūcere	trādūcō	trādūxī	trāductum	*hinüberführen, hinüberbringen*

cēdere und Komposita

cēdere	cēdō	cessī	cessum	*gehen, weichen, nachgeben*
accēdere	accēdō	accessī	accessum	*herantreten, hinzukommen*
concēdere	concēdō	concessī	concessum	*erlauben, zugestehen, nachgeben*
dēcēdere	dēcēdō	dēcessī	dēcessum	*weggehen, sterben*
discēdere	discēdō	discessī	discessum	*auseinandergehen, weggehen*
prōcēdere	prōcēdō	prōcessī	prōcessum	*weitergehen, vorrücken, vorankommen*
succēdere	succēdō	successī	successum	*nachfolgen, herangehen, sich nähern*

☐ ☐ ☐ *mittere* und Komposita

mittere	mittō	mīsī	missum	*schicken, werfen, gehen lassen*
admittere	admittō	admīsī	admissum	*zulassen*
āmittere	āmittō	āmīsī	āmissum	*verlieren, aufgeben, fortschicken*
committere	committō	commīsī	commissum	*anvertrauen, übergeben, zustandebringen, begehen, beginnen*
dēmittere	dēmittō	dēmīsī	dēmissum	*hinablassen, senken*
dīmittere	dīmittō	dīmīsī	dīmissum	*wegschicken, entlassen*
omittere	omittō	ommīsī	omissum	*übergehen, aufgeben, unterlassen*
permittere	permittō	permīsī	permissum	*erlauben, überlassen*
prōmittere	prōmittō	prōmīsī	prōmissum	*versprechen*

☐ ☐ ☐ *agere* und Komposita

agere	agō	ēgī	āctum	*treiben, betreiben, handeln, verhandeln*
cōgere	cōgō	coēgī	coāctum	*zwingen, versammeln*
exigere	exigō	exēgī	exāctum	*vollenden, (ein)fordern*

☐ ☐ ☐ *legere* und Komposita

legere	legō	lēgī	lēctum	*lesen, sammeln, auswählen*
colligere	colligō	collēgī	collēctum	*sammeln, erwerben*
dēligere	dēligō	dēlēgī	dēlēctum	*auswählen*
ēligere	ēligō	ēlēgī	ēlēctum	*auswählen*
dīligere	dīligō	dīlēxī	dīlēctum	*lieben, schätzen, hochachten*
intellegere	intellegō	intellēxī	intellēctum	*verstehen, erkennen, begreifen, wahrnehmen*
neglegere	neglegō	neglēxī	neglēctum	*vernachlässigen, geringschätzen*

☐ ☐ ☐ *emere* und Komposita

emere	emō	ēmī	ēmptum	*kaufen*
adimere	adimō	adēmī	adēmptum	*wegnehmen, rauben*
sūmere	sūmō	sūmpsī	sūmptum	*nehmen*
cōnsūmere	cōnsūmō	cōnsūmpsī	cōnsūmptum	*verbrauchen*

vertere und Komposita

vertere	vertō	vertī	versum	*drehen, wenden, vernichten*
animad-vertere	animad-vertō	animad-vertī	animad-versum	*wahrnehmen, vorgehen (gegen)*
āvertere	āvertō	āvertī	āversum	*abwenden, vertreiben, fernhalten*
convertere	convertō	convertī	conversum	*umwenden, verwandeln*
ēvertere	ēvertō	ēvertī	ēversum	*umstürzen, zerstören*

aspicere und Komposita

aspicere	aspiciō	aspexī	aspectum	*erblicken, ansehen*
cōnspicere	cōnspiciō	cōnspexī	cōnspectum	*erblicken, ansehen*
dēspicere	dēspiciō	dēspexī	dēspectum	*herabsehen, verachten*
perspicere	perspiciō	perspexī	perspectum	*durchschauen, erkennen, genau betrachten*
prōspicere	prōspiciō	prōspexī	prōspectum	*ausschauen, vorhersehen, (vor) sorgen*

iacere und Komposita

iacere	iaciō	iēcī	iactum	*werfen, schleudern*
adicere	adiciō	adiēcī	adiectum	*hinzufügen*
conicere	coniciō	coniēcī	coniectum	*(zusammen)werfen, vermuten*
ēicere	ēiciō	ēiēcī	ēiectum	*hinauswerfen, vertreiben*
obicere	obiciō	obiēcī	obiectum	*entgegenstellen, vorwerfen*
subicere	subiciō	subiēcī	subiectum	*unterwerfen, unter etwas werfen, setzen, stellen, legen*

facere und Komposita

facere	faciō	fēcī	factum	*machen, tun*
afficere	afficiō	affēcī	affectum	*versehen mit*
cōnficere	cōnficiō	cōnfēcī	cōnfectum	*vollenden, fertig machen*
dēficere	dēficiō	dēfēcī	dēfectum	*fehlen, ausgehen, abfallen (von)*
efficere	efficiō	effēcī	effectum	*bewirken, schaffen, herstellen*
interficere	interficiō	interfēcī	interfectum	*töten, vernichten*
perficere	perficiō	perfēcī	perfectum	*vollenden, durchsetzen*
reficere	reficiō	refēcī	refectum	*wiederherstellen, kräftigen*

capere und Komposita

capere	capiō	cēpī	captum	*fassen, nehmen, fangen, erobern*
accipere	accipiō	accēpī	acceptum	*annehmen, empfangen, aufnehmen, vernehmen*
dēcipere	dēcipiō	dēcēpī	dēceptum	*betrügen, täuschen, entgehen*
excipere	excipiō	excēpī	exceptum	*eine Ausnahme machen, aufnehmen, wahrnehmen*
incipere	incipiō	coepī	inceptum (coeptum)	*anfangen, beginnen*
praecipere	praecipiō	praecēpī	praeceptum	*vorschreiben, (be)lehren, vorwegnehmen*
recipere	recipiō	recēpī	receptum	*zurücknehmen, aufnehmen*
suscipere	suscipiō	suscēpī	susceptum	*auf sich nehmen, übernehmen*

Deponentia

1. oder a-Konjugation

arbitrārī, arbitror, arbitrātus sum	*glauben, meinen, halten für*
cōnārī, cōnor, cōnātus sum	*versuchen, unternehmen, wagen*
hortārī, hortor, hortātus sum	*ermahnen, auffordern*
imitāri, imitor, imitātus sum	*nachahmen,*
mīrārī, mīror, mīrātus sum	*sich wundern, bewundern*
morārī, moror, morātus sum	*(sich) aufhalten*
precārī, precor, precātus sum	*bitten*
suspicārī, suspicor, suspicātus sum	*vermuten, Verdacht schöpfen*
versārī, versor, versātus sum	*sich aufhalten, sich befinden, sich beschäftigen (mit)*

2. oder e-Konjugation

fatēri, fateor, fassus sum	*bekennen, gestehen, zugeben*
merērī, mereor, meritus sum	*sich verdient machen*
pollicērī, polliceor, pollicitus sum	*versprechen*
rērī, reor, ratus sum	*meinen, glauben, halten für*
tuērī, tueor	*betrachten, schützen, sorgen für*
verērī, vereor, veritus sum	*fürchten, scheuen, verehren*
vidērī, videor, vīsus sum	*scheinen*

4. oder i-Konjugation

experīrī, experior, expertus sum	*erfahren, erproben*
mōlīrī, mōlior, mōlītus sum	*in Bewegung setzen, unternehmen, schaffen, beabsichtigen*
orīrī, orior, ortus sum	*entstehen, abstammen, sich erheben, aufgehen*

3. Konjugation
Konsonantenstämme

loquī, loquor, locūtus sum	*sprechen, reden*
nāscī, nāscor, nātus sum	*geboren werden, entstehen*
nītī, nītor, nīxus (nīsus) sum *m. Abl.*	*streben, sich bemühen, sich verlassen auf*
oblīvīscī, oblīvīscor, oblītus sum *m. Gen.*	*vergessen, übersehen*
proficīscī, proficīscor, profectus sum	*aufbrechen, reisen, marschieren*
querī, queror, questus sum	*klagen*
sequī, sequor, secūtus sum *m. Akk.*	*folgen, befolgen*
cōnsequī, cōnsequor, cōnsecutus sum	*verfolgen, einholen, erreichen*
ūtī, ūtor, ūsus sum *m. Abl.*	*benutzen, gebrauchen*

i-Stämme

aggredī, aggredior, aggressus sum	*angreifen, herangehen*
ēgredī, ēgredior, ēgressus sum	*herausgehen, verlassen*
prōgredī, prōgredior, prōgressus sum	*vorrücken, fortschreiten*
morī, morior, mortuus sum	*sterben*
patī, patior, passus sum	*leiden, dulden, zulassen*

Semi-Deponentia

2. oder e-Konjugation

audēre, audeō, ausus sum	*wagen*
gaudēre, gaudeō, gāvīsus sum *m. Abl.*	*sich freuen*
solēre, soleō, solitus sum	*pflegen, gewohnt sein*

3. Konjugation
Konsonantenstämme

cōnfīdere, cōnfīdō, cōnfīsus sum	*vertrauen*
revertī, revertor, revertī, (reversus)	*zurückkehren*

Stichwortregister

A

ā 67
ab 40, 67
abdere 43, 76
abdūcere 41, 77
abesse 46, 75
abīre 40, 74
abs 67
ac 63
accēdere 40, 77
accedit 40
accidere 15
accipere 39, 80
accūsāre 51
ācer 22
acerbus 58
aciēs 57
āctiō 33
ad 65
addere 42, 76
addūcere 37, 77
adeō 60
adesse 45, 75
adhibēre 39, 75
adhūc 60
adicere 43, 79
adimere 39, 78
adīre 40, 74
aditus 40
admittere 38, 78
adulescens 15
advenīre 39, 76
adventus 39
adversus 48, 66
aedēs 55
aedificāre 36
aedificium 55
aedīlis 50
aedis 55
aequus 25
aestimāre 24
aetās 29
aeternus 29
afferre 42, 74
afficere 38, 80
ager 53
agere 33, 51, 78
aggredī 57
aggredī, aggredior, aggressus sum 82
agitāre 33
agmen 56
aiō 19
alere 16
aliēnus 25
aliquandō 60
aliquem 21
aliquī, aliqua, aliquod 72
aliquid 21
aliquis, aliquid 72
aliter 60
altus 29
amāre 31
amīca 31
amīcitia 31, 52
amīcus 31
āmittere 34, 78
amor 31
amplius 60
amplus 29
an 21
angustus 54
anima 17
animadvertere 22, 79
animal 53
animus 17
annus 29
ante 66
anteā (ante) 60
antīquus 29
aperīre 34
appellāre 19
appetere 26
apud 66
aqua 53
āra 49
arbitrārī 24
arbitrārī, arbitror, arbitrātus sum 81
arbor 53
arcessere 43
ardēre 54
argentum 46
arma 57
armātus 57
ars 27
arx 57
asper 22
aspicere 22, 79
at 63
atque 61, 63
attingere 33
auctor 27
auctōritās 47
audācia 48
audāx 48
audēre 34
audēre, audeō, ausus sum 82
audīre 22
auferre 42, 74

augēre 25
aura 54
aureus 46
auris 16
aurum 46
aut 63
aut ... aut 63
autem 63
auxilia 56
auxilium 56
avāritia 48
avē 20
āvertere 38, 79

B

barbarus 52
basilica 55
beātus 31
bellum 36, 52
bene 36, 47, 60
beneficium 39
bibere 16
bona 47
bonō 47
bonum 47
bonus 47
brevī 60
brevis 29

C

cadere 59
caedere 58
caedēs 59
caelum 54
calamitās 46
campus 53
canis 53
capere 39, 80
captīvus 59
caput 16
carēre 46
carmen 27
cārus 31
castra 56
cāsus 15
causā 69
causa 25, 51
cavēre 27
cēdere 40, 77
celebrāre 31
celer 41
celeritās 41
cēna 44
cēnāre 45
cēnsēre 17
centum 73
centūriō 56
cernere 22
certāre 36
certē 60
certus 24
cēterī 30
cēterum 60
cibus 16
circā 66
circiter 60
circum 66
circumdare 57, 76
circumvenīre 58, 76
circus 55
cīvīlis 50
cīvis 50
cīvitās 50
clādēs 59
clam 60
clāmāre 19
clāmor 19
clārus 47
classis 56
claudere 34
cliēns 45
cōgere 27, 78
cōgitāre 17
cognōscere 23
cōhors 56
colere 53
colligere 43, 78
collis 53
comes 41
comitia 50
committere 33, 38, 78
commodum 46
commodus 46
commovēre 37
commūnis 45
comparāre 39
comperīre 22
complēre 43
complūrēs 30
compōnere 43, 77
cōnārī 36
cōnārī, cōnor, cōnātus sum 81
concēdere 38, 77
condere 54, 76
condicio 46
condūcere 43, 77
cōnferre 42, 74
cōnficere 36, 80
cōnfīdere 47
cōnfīdere, cōnfīdō, cōnfīsus sum 82
cōnfirmāre 20
conicere 57, 79
coniungere 43
coniū(n)x 44
cōnscius 23
cōnsentire 22
cōnsequī 59
cōnsequī, cōnsequor, cōnsecutus sum 82
cōnsiliō 26
cōnsilium 17

cōnsistere 56
cōnspicere 22, 79
cōnstāre 46, 75
cōnstituere 17, 37
cōnsuētūdō 46
cōnsul 50
cōnsulāris 50
consulātus 50
cōnsulere 21
cōnsūmere 39, 78
contemnere 32
contendere 20, 42, 57
contentus 31
continēre 29, 76
contiō 50
contrā 60, 66
contrōversia 47
contumēlia 48
convenīre 40, 76
convertere 35, 79
convīvium 45
convocāre 19
cōpia 30
cōpiae 56
cor 16
corpus 16
corrumpere 48
creāre 36
crēdere 24, 76
crēscere 53
crīmen 51
crūdēlis 48
crūdēlītās 48
cui 71
cuius 71
culpa 51
cultus 49
cum 63, 64, 68, 72
cum ... tum 63
cunctī 30
cupere 27
cupiditās 27
cupīdō 27
cupidus 27
cūr 60
cūra 33
cūrāre 33
cūria 50
currere 41
currus 42
cursus 41
custōdia 51
custōs 55

D

damnāre 51
dare 38, 76
dē 68
dea 49
dēbēre 34, 75
dēcēdere 41, 77
decem 73
dēcernere 37
dēcipere 48, 80
dēcrētum 37
decus 48
dēdere 38, 76
dēdūcere 41, 77
dēesse 46, 75
dēfendere 58
dēferre 20, 74
dēficere 41, 80
deinde 60
dēlectāre 31
dēlēre 59
dēligere 24, 78
dēmittere 34, 78
dēmōnstrāre 17
dēmum 60
dēnique 60
dēpōnere 43, 77
dēscendere 42
dēserere 40
dēsīderāre 18
dēsinere 34
dēspērare 18
dēspicere 79
deus 49
dīcere 19
dicere 51
dictum 19
diēs 29
differre 26, 74
difficilis 34
dīgnitās 47
dīgnus 47
dīligēns 34
dīligere 31, 78
dīmittere 42, 78
discēdere 40, 77
discere 24
disciplina 27
dispōnere 43, 77
diū 60
dīversus 25
dīves 46
dīvidere 25
dīvīnus 49
dīvitiae 46
docēre 24
doctus 24
dolēre 16
dolor 16
dolus 48
domī 55
domina 44
dominus 44
domum 40, 55
domus 55
dōnāre 38
dōnec 64
dōnum 38
dubitāre 18
ducentī 73

dūcere 23, 41, 77
dulcis 22
dum 64
duodecim 73
duodēvīgintī 73
duo, duae, duo 73
duo mīlia 73
dūrus 22
dux 41

E

ē 68
eā ratiōne 17
ēdere 38, 76
ēdūcere 41, 77
efferre 42, 74
efficere 33, 80
effugere 59
ego 69
ēgredī 40
ēgredī, ēgredior, ēgressus sum 82
ēgregius 26
ēicere 51, 79
ēligere 24, 78
emere 39, 78
enim 63
eō 60
eōrum, eārum 69
epistula 27
eques 56
equidem 60
equitātus 56
equus 53
ergā 66
ergō 63
ēripere 39
errāre 23
esse 45, 75
et 63
etenim 63
et ... et 63
etiam 63
etiami 64
etsī 64
ēvertere 58, 79
ex 68
excipere 39, 80
excitāre 37
exemplum 47
exercēre 36
exercitus 56
exigere 36, 78
exīre 40, 74
exīstimāre 24
exitus 40
expellere 51
experīrī 23
experīrī, experior, expertus sum 81
expōnere 24, 77
expūgnāre 58
exspectāre 22

F

facere 33, 80
faciēs 16
facile 60
facilis 34
facinus 51
factum 33
fallere 48
falsus 25
fāma 20
famēs 16
familia 44
familiaris 44
fatēri 20
fatēri, fateor, fassus sum 81
fātum 49
fēlīx 31
femina 15
ferē 25, 60
ferre 42, 74
ferrum 57
ferus 58
fidēs 47
fierī 16
filia 44
filius 44
fīnēs 29
fingere 36
fīnis 29
firmus 22
flāgitium 51
flamma 54
flectere 35
flēre 32
flūmen 53
foedus 52
fōns 53
forma 16
fortāsse 60
forte 60
fortis 48
fortiter 36
fortūna 15
forum 54
frāter 44
fraus 48
frequēns 30
frōns 16
frūctus 47
frūmentum 53
frūstrā 60
fuga 59
fugere 59
furor 32
futūrus 16

G

gaudēre 31
gaudēre, gaudeō, gāvīsus sum 82
gaudium 31
gēns 44
genus 45
gerere 36
gladius 57
glōria 47
grātia 47
grātus 47
gravis 47
grex 54

H

habēre 19, 46, 75
habitāre 44
haud 20
haud sciō 21
hīc 60
hic, haec, hoc 70
hiems 54
hinc 60
hodiē 60
homō 50
homo 15
homō novus 50
honestus 47
honor 47
honōs 47
hōra 29
hortārī 21
hortārī, hortor, hortātus sum 81
hospes 44
hostis 52
hūc 60
humanus 15
humus 53

I

iacēre 28
iacere 57, 79
iactāre 34
iam 60
ibī 60
īdem, eadem, idem 70
idōneus 26
igitur 63
īgnis 54
īgnōrāre 23
īgnōtus 25
iī/eae 69
ille, illa, illud 70
illīc 60
illūc 61
imāgō 22
imitāri 26
imitāri, imitor, imitātus sum 81
immortālis 16
immō (vērō) 63
impedīre 38
impellere 37
imperāre 56
imperātor 56
imperium 52
impetrāre 36
impetus 57
impius 49
impōnere 39, 77
imprīmīs 61
improbus 48
in 68
inānis 26
incendere 54
incendium 54
incertus 24
incipere 34, 80
incrēdibilis 24
inde 61
indicium 19
indīgnus 48
indūcere 37, 77
inesse 29, 75
īnferī 49
īnferre 74
inferre 42
ingenium 17, 27
ingēns 30
inimīcus 32
inīquus 25
inīre 34, 40, 74
initium 29
iniūriā 39
iniūria 51
inopia 30
inquit 19
īnsidiae 57
īnstāre 57, 75
īnstituere 35, 37
īnstruere 57
īnsula 53
intellegere 23, 78
inter 66
interdum 61
intereā 61
interesse 33, 75
interficere 58, 80
interīre 15, 74
interrogāre 21
intrā 66
intrāre 40
intus 61
invenīre 17, 76
invidia 32
invītus 27
ipse, ipsa, ipsum 70
īra 32
īrātus 32
īre 41, 74
is/ea 69
is, ea, id 70
iste, ista, istud 70

ita 61
itaque 63
item 61
iter 41
iterum 61
iubēre 21
iucundus 31
iūdex 51
iūdicāre 51
iūdicium 51
iugum 53
iungere 43
iūs 51
iussū 21
iūstitia 51
iūstus 51
iuvāre 31
iuvenis 15
iuventus 15

L

labor 35
labōrāre 35
lacrima 32
lacus 53
laedere 48
laetitia 31
laetus 31
laudāre 47
laus 47
lēgātiō 52
lēgātus 52
legere 27, 78
legiō 56
leō 54
levis 22
lēx 51
libellus 27
libenter 61
līber 44
liber 27
līberāre 44
līberī 44
lībertās 44
lībertus 44
licentia 37, 48
licet 37
lingua 19
littera 27
litterae 27
lītus 53
loca 28
locus 28
longē 61
longus 29
loquī 19
loquī, loquor, locūtus sum 82
lūctus 32
lūdere 45
lūdīs 33
lūdus 45
lūmen 54
lūna 54
lūx 54

M

maestus 32
magis 61
magister 24
magistrātus 50
māgnitūdō 25
māgnus 25
māior 25
māiōrēs 44
mālle 26
malum 48
malus 25, 48
mandāre 38
manēre 28
manifestus 22
manus 16
mare 38, 53
mare nostrum 53
marītus 44
māter 44
maximē 61
maximus 25
medicus 15
medius 28
melior 25
membrum 16
meminisse 23
memor 23
memorāre 19
memoria 23
mēns 17
mercātor 55
merērī 47
merērī, mereor, meritus sum 81
metuere 32
metus 32
meus, mea, meum 69
mīles 56
mīlitāris 56
mīlle 73
minimē 61
minimus 25
minor 25
minus 61
mīrārī 31
mīrārī, mīror, mīrātus sum 81
mīrus 31
miser 32
miseria 32
mittere 42, 78
modo 61
modo … modo 63
modus 30, 33
moenia 55
mōlīrī 37
mōlīrī, mōlior, mōlītus sum 81

mollis 22
monēre 21
mōns 53
monumentum 55
mora 29
morārī 29
morārī, moror, morātus sum 81
morbus 15
mōrēs 45
morī 15
morī, morior, mortuus sum 82
mors 15
mortālis 16
mortuus 16
mōs 44, 45
mōtus 50
movēre 37
mox 61
mulier 15
multitūdō 30
multō 61
multum 61
multus 30
mundus 28
mūnīre 56
munus 50
mūrus 55
mūtare 35

N

nam 64
narrāre 19
nāscī 15
nāscī, nāscor, nātus sum 82
nātiō 52
nātūra 53
nātus 45, 46
nauta 42
nāvigāre 42
navis 42
-ne 64
nē 64, 72
ne 21
-ne ... an 65
necāre 58
necessārius 46
necesse est 37
nec ... nec 64
nefārius 48
nefās 49
negāre 20
neglegere 17, 78
nēgotium 35
nēminem 72
nēminī 72
nēmō 72
neque enim 64
neque, nec 64
neque ... neque 64
neque tamen 64
neque vērō 64
nē ... quidem 62
nescīre 23
nex 58
nihil 30, 61, 72
nīl 61
nimis 61
nimius 26
nisī 65, 72
nītī 26
nītī, nītor, nīxus (nīsus) sum 82
nōbilī 45, 46
nōbilis 45
nōbilitās 45
nocēre 48
noctū 61
nōlle 26
nōmen 19
nōmināre 19
nōn 20
nōnāgintā 73
nōndum 61
nōngentī 73
nōn iam 60
nōn modo ... sed (vērum) etiam 64
nonne 21
nōnnūllī 30
nōn sōlum ... sed (vērum) etiam 64
nōs 69
nōscere 23
noster, nostra, nostrum 69
nōtus 23
novem 73
nōvisse 23
novus 25
nox 29
nūllā rē 72
nūllī reī 72
nūllīus 72
nūllīus reī 72
nūllō 72
nūllus 30
nūllus, nūlla, nūllum 72
num 21, 65, 72
nūmen 49
numerus 30
numquam 61
nunc 61
nūntiāre 56
nūntius 56
nūper 61

O

ob 67
obicere 57, 79
oblīvīscī 23
oblīvīscī, oblīvīscor, oblītus sum 82
obscūrus 29

obsecrāre 49
obses 52
obstāre 38, 75
obtinēre 33, 76
occīdere 58
occidere 15
occultus 23
occupāre 58
occupātus 36
occurrere 41
octingentī 73
octō 73
octōgintā 73
oculus 16
ōdisse 32
odium 32
officium 33
ōlim 61
ōmen 49
omittere 34, 78
omnīnō 61
omnis 30
opera 35
opes 46
opīniō 24
oportet 37
oppidum 54
opprimere 58
oppūgnāre 57
ops 46
optāre 26
optimus 25
opus 35
ōra 53
ōrāculum 49
ōrāre 19, 21
ōrātiō 19
orbis 28
ōrdō 45
orīrī 46
orīrī, orior, ortus sum 81
ōrnāre 39
ortus 46
ōs 16
ostendere 33
ōtium 45

P

paene 61
palam 61
pār 25
parāre 36
parātus 27
parcere 59
parentēs 44
pārēre 21
parere 44
pariter 61
pars 28, 30
partim 61
parum 61
parvus 25
pater 44
patī 32
patī, patior, passus sum 82
patrēs 50
patria 45
patrōnus 45
paucī 30
paulātim 61
paulō 61
paulum 61
pauper 46
pāx 52
peccāre 48
pectus 16
pecūnia 46
pēior 25
pellere 51
per 67
perdere 59, 76
perferre 36, 74
perficere 36, 80
perīculum 57
perīre 15, 74
permittere 38, 78
permovēre 37
perniciēs 59
perpetuus 29
perspicere 22, 79
persuādēre 20
perterrēre 32
pertinēre 28, 76
perturbāre 34
pervenīre 40, 76
pēs 16
pessimus 25
petere 26, 57
philosophia 27
philosophus 27
pietās 49
pīrāta 52
pius 49
placēre 27, 37
placidus 54
plānē 61
plēbs 45
plēnus 30
plērīque 30
plērumque 62
plūrēs 30
plūrimī 30
plūrimum 62
plūs 62
poena 51
poēta 27
pollicērī 20
pollicērī, polliceor, pollicitus sum 81
pōnere 43, 77
pōns 55
populus 45
porrō 62
porta 55

portāre 42
portus 55
poscere 21
posse 33, 75
possidēre 46
post 62, 67
posteā 62
posterī 29
posterus 29
postquam 65
postrēmō 62
postulāre 21
potēns 50
potentia 50
potestās 50
potius 62
prae 68
praebēre 39, 75
praeceptum 27
praecipere 21, 80
praeclārus 47
praeda 58
praeesse 56, 75
praeferre 24, 74
praemium 39
praesēns 29
praesertim 62
praesidium 56
praestāre 24, 75
praeter 67
praetereā 62
praeterīre 41, 74
praetor 50
precārī 49
precārī, precor, precātus sum 81
precēs 49
premere 34
pretium 26
prīmō 62
prīmum 62
prīnceps 49
prior 28
prius 62
priusquam 65
prō 68
probāre 24
probus 47
prōcēdere 41, 77
procul 62
prōdere 52, 76
prōdesse 48, 75
prōdūcere 41, 77
proelium 57
profectō 62
proficīscī 40
proficīscī, proficīscor, profectus sum 82
prōgredī 41
prōgredī, prōgredior, prōgressus sum 82
prohibēre 38, 75
prōmittere 20, 78
prope 62, 67
properāre 41
propinquus 44
prōpōnere 20, 77
propter 67
propterea 62
prōspicere 17, 79
prōtinus 62
prōvidēre 17
prōvincia 52
proximus 28
prūdens 17
prūdentia 17
publicus 45
pudor 48
puella 15
puer 15
pūgna 57
pūgnāre 57
pulcher 16
putāre 23

Q

quā 25
quā dē causā 62
quadrāgintā 73
quadringentī 73
quaerere 21
quaestor 50
quālis 25
quam 62
quamquam 65
quamvīs 65
quandō 62
quantō ... tantō 26
quantus 25
quā rē 62
quasi 62
quattuor 73
quattuordecim 73
-que 64
quem 71
quemadmodum 62
querī 19
querī, queror, questus sum 82
quī 62
quia 65
quīcumque, quaecumque, quodcumque 72
quid 62, 71
quīdam, quaedam, quiddam 72
quīdam, quaedam, quoddam 72
quidem 62
quīlibet, quaelibet, quidlibet 72
quīlibet, quaelibet, quodlibet 72
quīn 62, 65
quīndecim 73
quīn etiam 63
quīngentī 73
quīnquāgintā 73

quīnque 73
quī, quae, quod 71, 72
quis 71
quisquam, quicquam/quidquam 72
quisque, quaeque, quodque 72
quisque, quidque 72
quisquis, quidquid/quicquid 72
quīvīs, quaevīs, quidvīs 72
quīvīs, quaevīs, quodvīs 72
quō 62, 71, 72
quoad 65
quōcum 71
quod 65
quodsī 65
quō ... eō 26
quondam 62
quoniam 65
quoque 64
quot 25
quotiēns 26

R

rapere 39
rārus 30
ratiō 17
recēns 29
recipere 39, 80
recitāre 19
reddere 38, 76
redīre 40, 74
redūcere 41, 77
referre 20, 74
reficere 80
regere 49
regiō 28
rēgius 49
rēgnāre 50
rēgnum 50
religiō 49
relinquere 40
relīquus 30
remanēre 28
repente 62
reperīre 23
repetere 26
reprehendere 20
rērī 23
rērī, reor, ratus sum 81
rēs 36, 46, 50
rēs futūrae 16
resistere 58
rēs novae 50
respondēre 20
rēs publica 45
restāre 58
restituere 36
retinēre 38, 76
reus 51
revertī 40
revertī, revertor, revertī, (reversus) 82
revocāre 19
rēx 49
rīdēre 31
rīpa 53
rogāre 21
Rōmā 54
Rōma 54
Rōmae 54
Rōmam 54
rūrsus 62

S

sacer 49
sacerdōs 49
sacrum 49
saeculum 29
saepe 62
saevus 32
salūs 15
salvē 20
salvus 15
sānctus 49
sanguis 16
sapiēns 17
sapientia 17, 27
satis 62
saxum 53
scelerātus 50
scelus 50
scientia 23
scīlicet 62
scīre 23
scrībere 27
sed 64
sēdecim 73
sedēre 28
sēdēs 28
semper 62
senātor 50
senātus 50
senex 15
sēnsus 22
sententia 20
sentīre 22
septem 73
septendecim 73
septingentī 73
septuāgintā 73
sequī 42
sequī, sequor, secūtus sum 82
sermo 20
serva 44
servāre 34
servīre 44
servitūs 44
servus 44
sescentī 73
sex 73
sexāgintā 73

sī 65, 72
sīc 62
sīcut 62
sīdus 54
sīgnum 56
silentium 20
silva 53
similis 25
simul 63
simulācrum 28
sīn (autem) 65
sine 68
sinere 37
singulāris 26
singulī 30
sīve ... sīve 65
societās 45
socius 52
sōl 54
sōlācium 31
solēre 34
solēre, soleō, solitus sum 82
sollicitāre 34
sōlum 63
sōlus 30
solvere 34
somnus 16
soror 44
sors 15
spatium 28
speciēs 16
spectāculum 22
spectāre 22
spērāre 18
spēs 18
spīritus 17
stāre 28, 75
statim 63
statua 55
statuere 37
studēre 26
studium 35
stultitia 17
stultus 17
sub 68, 69
subicere 57, 79
subiectīs 59
subīre 36, 74
subitō 63
succcēdere 77
succēdere 40
sūmere 39, 78
summus 28, 53
superāre 36
superbia 48
superbus 48
superī 49
superior 28
supplex 51
supplicium 51
surgere 34
suscipere 36, 80
suspicārī 24
suspicārī, suspicor, suspicātus sum 81
suspīciō 24
sustinēre 36, 76
suus, sua, suum 69

T

tabula 28
tacēre 20
tālis 25
tam 63
tamen 64
tamquam 65
tandem 63
tangere 33
tantum 63
tantus 25
taurus 54
tēctum 55
tegere 34
tellūs 53
tēlum 57
temperāre 35
tempestās 54
templum 49
tempora 35
temptāre 37
tempus 29
tendere 35
tenebrae 54
tenēre 23, 33, 76
terra 53
terrā marīque 53
terrēre 32
testis 51
theātrum 55
thermae 55
timēre 31
timidus 31
timor 31
toga 45
tollere 43, 74
tot 25
tōtus 30
trādere 27, 76
trādūcere 42, 77
trahere 43
trāns 67
trānsīre 40, 74
trecentī 73
trēdecim 73
trēs, trēs, tria 73
tribuere 38
tribūnus 50
trīgintā 73
trīstis 32
triumphus 58
tū 69
tuērī 22
tuērī, tueor 81
tum 63

tunc 63
tunica 45
turba 30
turpis 48
turris 55
tūtus 22
tuus, tua, tuum 69

U

ubī 63, 72
ubī (prīmum) 65
ūllus, ūlla, ūllum 72
ultimus 28
ultrō 63
umbra 54
umquam 63
ūnā 63
unda 53
unde 63
undecim 73
undēvīgintī 73
undique 63
ūniversus 30
ūnus, ūna, ūnum 73
urbānus 54
urbs 54
ūsque ad 65
ūsus 33
ut 63
uterque, utraque, utrumque 72
uter, utra, utrum 71
ūtī 33
ūtilis 33
ūtī, ūtor, ūsus sum 82
ut (prīmum) 65
utrum ... an 65
uxor 44

V

vacuus 46
valē 20
valēre 16
varius 25
vāstāre 58
vāstus 58
vehemēns 17
vel 64
velle 26
velut 63
vel ... vel 64
venīre 39, 76
ventus 54
verbum 19
vereor 32
verērī 32
verērī, vereor, veritus sum 81
vērō 64
versārī 28
versārī, versor, versātus sum 81
vertere 35, 79
vērum 64
vērus 24
vester, vestra, vestrum 69
vestīgium 22
vestis 45
vetāre 38
vetus 29
via 55
victor 58
victōriā 31
victōria 58
vīcus 53
vidēre 22
vidērī 17
vidēri 22
vidērī, videor, vīsus sum 81
vigilia 29, 56
vīgintī 73
vīlla 53
vincere 58
vincula 51
vīnum 53
violāre 58
vir 15
vīrēs 36, 46, 56
virgo 15
virtūs 47
vīs 35
vīta 15
vītāre 35
vitium 48
vīvere 15
vīvus 15
vix 63
vocāre 19
voluntās 26
voluptās 31
volvere 42
vōs 69
vōtum 49
vōx 19
vulgus 45
vulnerāre 58
vulnus 58
vultus 16